DE COMPLETE GIDS VOOR GEFERMENTEERDE VRUCHTEN

Duik in de wereld van fermentatie met 100 smaakvolle recepten

NOVA HULSKES

Auteursrechtelijk materiaal ©2024

Alle rechten voorbehouden

Geen enkel deel van dit boek mag in welke vorm of op welke manier dan ook worden gebruikt of overgedragen zonder de juiste schriftelijke toestemming van de uitgever en de eigenaar van het auteursrecht, met uitzondering van korte citaten die in een recensie worden gebruikt. Dit boek mag niet worden beschouwd als vervanging voor medisch, juridisch of ander professioneel advies.

INHOUDSOPGAVE

INHOUDSOPGAVE 3
INVOERING 6
GEREMENTEERDE FRUITCHUTNEYS 8
   1. AMARETTO-CRANBERRYCHUTNEY 9
   2. CRANBERRY-VIJGENCHUTNEY 11
   3. DRAKENFRUITCHUTNEY 13
   4. CRANBERRY-SINAASAPPELCHUTNEY 15
   5. FIJISCHE CHILI-MANGOCHUTNEY 17
   6. MANGOCHUTNEY 19
   7. FIJISCHE PITTIGE TAMARINDECHUTNEY 21
   8. GEKWEEKTE PITTIGE PERZIKCHUTNEY 23
   9. CHUTNEY VAN INGELEGDE VIJGEN EN RODE UIEN 25
   10. VLIERBESSEN-PRUIMENCHUTNEY 27
   11. GEKARAMELISEERDE PEER EN GRANAATAPPEL 29
   12. PITTIGE (GEFERMENTEERDE) FRUITCHUTNEY 31
   13. CHUTNEY VAN GEKONFIJT FRUIT 33
   14. FRUITBARBECUE CHUTNEY 35
   15. ZOETZURE PAPAJACHUTNEY 37
   16. APPEL- EN PRUIMENCHUTNEY 39
   17. CARAMBOLACHUTNEY 41
   18. CHUTNEY VAN KARDEMOM-GEKRUIDE KWEEPEREN 43
   19. BANANENCHUTNEY 45
   20. DADEL-SINAASAPPELCHUTNEY 47
   21. VERSE ANANASCHUTNEY 49
   22. LIMOENCHUTNEY 51
   23. LIMOEN-APPELCHUTNEY 53
   24. GEROOKTE APPELCHUTNEY 55
   25. NECTARINECHUTNEY 57
   26. SNELLE PERZIKCHUTNEY 59
   27. KARDEMOM-GEKRUIDE MANGOCHUTNEY 61
GISTENDE FRUITDRANKEN 63
   28. BLOZEN ROSE KOMBUCHA 64
   29. PERZIK KOMBUCHA LASSI 66
   30. LIMONADE KOMBUCHA 68
   31. BLACKBERRY ZINGER 70
   32. GRANAATAPPEL KOMBUCHA 72
   33. BOSBESSEN-GEMBER KOMBUCHA 74
GISTENDE SAUZEN EN COMPOTES 76
   34. GEFERMENTEERDE BESSENCOMPOTE 77
   35. GEFERMENTEERDE APPELMOES 79

36. Gefermenteerde cranberrysaus 81
37. Gefermenteerde ananassalsa 83
38. Gefermenteerde mangosalsa 85
39. Gefermenteerde perziksalsa 87
40. Gefermenteerde watermeloensalsa 89
41. Gefermenteerde uienchutney 91

GISTENDE FRUITJAMS EN GELEI 93

42. Gefermenteerde Aardbeienjam 94
43. Gefermenteerde perzikgelei 96
44. Gefermenteerde Frambozenjam 98
45. Gefermenteerde bosbessengelei 100

FRUITCULTUUR & AZIJNEN 102

46. Gekweekte Pittige Perzikchutney 103
47. Zoete Vanille Perziken 105
48. Crabapple-azijn 107
49. Appelazijn 109
50. Ananas Azijn 111

GISTENDE FRUIT AUGURKEN 113

51. Gekruide vijgenaugurk 114
52. Pruimen- en gemberaugurk 116
53. Kersen-amandel augurk 118
54. Perzik, peer en kers Augurken 120
55. Zoet en pittig Abrikozen augurken 122
56. Avocado-augurken 124
57. Ingelegde zure kersen 126
58. Cranberry-oranje augurk 128
59. Gekruide sinaasappelaugurk 130
60. Citroen-basilicum augurk 132
61. Citrus Gember Augurk 134
62. Honing-Limoen Mango Augurk 136
63. Yuzu Ingelegde Daikon 138
64. Grapefruit-augurk 140
65. Ingelegde mandarijnen 142
66. Ingelegde Kumquats 144
67. Citroen augurk 146
68. Meloen Pickles 149
69. Ingemaakte watermeloenschil 151
70. Ingemaakte honingdauw met kruiden 153
71. Ingelegde Galiameloen 155
72. Ingemaakte watermeloen en dille 157
73. Kool-Aid Watermeloen Augurken 159
74. Bosbessen Munt Augurk 161
75. Frambozen-balsamico-augurk 163

76. Ingelegde Aardbeien 165
77. Ingelegde bramen 167
78. Snelle ingelegde veenbessen 169
79. Ingelegde dadelpruimen 171
80. Ingelegde Granaatappel En Komkommer 173
81. Minty Boozy ingelegde bessen 175
82. Mango-augurk 177
83. Mango, ananas en papaja- augurk 179
84. Zoete en pittige ananas-augurk 181
85. Kiwi Jalapeño Augurk 183
86. Guave Chili Augurk 185
87. Sterfruit Gember Augurk 187
88. Ingelegd drakenfruit 189
89. Jackfruit -Mango- augurk 191
90. Kiwi-augurk 194
91. Gekruide appelringen 196
92. Gemberpeer-augurk 198
93. Appel- en bietenaugurken 200
94. Vanille Bourbon Peren Augurken 202
95. Rozemarijn ingelegde peren 205
96. Appel Jicama Pickles 207
97. Ingelegde appel met chili 209
98. Appeltaart Augurken 211
99. Winterwhisky Appelaugurken 213
100. Balsamico Kaneel-Peer Pickles 215

CONCLUSIE 217

INVOERING

Welkom bij "Het complete handboek voor gefermenteerd fruit: duik in de wereld van fermentatie met 100 smaakvolle recepten!" In deze uitgebreide gids gaan we op reis door de rijke en diverse wereld van gefermenteerd fruit. Fermentatie, een eeuwenoude culinaire praktijk, zorgt er niet alleen voor dat fruit behouden blijft, maar verbetert ook hun smaak, voedingswaarde en verteerbaarheid. Of u nu een doorgewinterde vergister bent of net begint aan uw fermentatie-avontuur, dit handboek biedt een overvloed aan recepten, technieken en inzichten om uw fermentatie-ervaring naar een hoger niveau te tillen.

Gefermenteerd fruit wordt al eeuwenlang gekoesterd door culturen over de hele wereld, van Koreaanse kimchi tot Duitse zuurkool, wat de universaliteit en veelzijdigheid van fermentatie aantoont. In dit handboek onderzoeken we de nuances van het fermenteren van verschillende soorten fruit, waaronder appels, bessen, citrusvruchten, tropisch fruit en meer. Elke vrucht brengt zijn eigen unieke kenmerken, smaken en gezondheidsvoordelen met zich mee aan het fermentatieproces, waardoor het een spannende ontdekkingstocht is voor zowel beginners als liefhebbers.

Op deze pagina's ontdek je de kunst en wetenschap van fermentatie, van het begrijpen van de rol van nuttige microben tot het beheersen van de balans tussen smaken en texturen. We verdiepen ons in de verschillende fermentatiemethoden, zoals wilde fermentatie, melkzuurfermentatie en azijnfermentatie, en bieden stapsgewijze instructies en tips voor het oplossen van problemen om uw succes bij elke batch te garanderen.

Naast de praktische aspecten is fermentatie ook een viering van cultuur, traditie en creativiteit. Het verbindt ons met onze voorouders die afhankelijk waren van fermentatie om de seizoensgebonden overvloed te behouden en hun gemeenschappen tijdens strenge winters te voeden. Tegenwoordig is het fermenteren van fruit niet alleen een manier om voedselverspilling te verminderen, maar ook een vorm van culinaire expressie, waardoor we kunnen experimenteren met smaken, kruiden en technieken om unieke en heerlijke fermenten te creëren.

Of je nu aan het fermenteren bent voor de gezondheid, voor het plezier of gewoon voor het plezier van het experimenteren, "De complete gids voor gefermenteerde vruchten" is jouw bron voor alles wat je moet weten over het fermenteren van fruit. Dus stroop je mouwen op, verzamel je favoriete fruit en laten we beginnen aan een smaakvolle reis naar de boeiende wereld van fermentatie.

GEREMENTEERDE FRUITCHUTNEYS

1. Amaretto-cranberrychutney

INGREDIËNTEN:
- 1 kopje verse veenbessen
- ¼ kopje Amaretto-likeur
- ¼ kopje appelazijn
- ¼ kopje honing
- ¼ kopje gehakte ui
- 1 eetlepel geraspte verse gember
- ¼ theelepel kaneel
- Zout en peper naar smaak

INSTRUCTIES:
a) Meng in een middelgrote pan veenbessen, amaretto, appelciderazijn, honing, ui, gember, kaneel, zout en peper.
b) Breng op middelhoog vuur aan de kook, af en toe roeren.
c) Kook tot de veenbessen barsten en het mengsel ongeveer 10-15 minuten is ingedikt.
d) Pas de smaak naar smaak aan en voeg indien gewenst meer zout of honing toe.
e) Serveer als smaakmaker voor geroosterd vlees of als spread voor sandwiches.

2. Cranberry-vijgenchutney

INGREDIËNTEN:
- 4 kopjes veenbessen, grof gehakt
- 1 gemberwortel van een centimeter, geschild en fijn versnipperd
- 1 grote navelsinaasappel, in vieren en fijngehakt
- 1 kleine ui, fijngesneden
- ½ kopje gedroogde bessen
- 5 Gedroogde vijgen, fijngesneden
- ½ kopje walnoten, geroosterd en grof gehakt
- 2 eetlepels Mosterdzaad
- 2 eetlepels Cider azijn
- ¾ kopje Bourbon of Schotse whisky (optioneel)
- 1½ kopjes Lichtbruine suiker
- 2 theelepels Gemalen kaneel
- 1 theelepel Gemalen nootmuskaat
- ½ theelepel gemalen kruidnagel
- ½ theelepel zout
- ⅛ theelepel Cayennepeper

INSTRUCTIES:
a) Meng in een pan van 4 liter de grofgehakte veenbessen, fijngehakte gember, fijngehakte navelsinaasappel, in blokjes gesneden ui, gedroogde krenten, geknipte gedroogde vijgen, geroosterde en gehakte walnoten, mosterdzaad, geraspte gember, ciderazijn en whisky (indien gebruik makend van).
b) Meng in een kleine kom de bruine suiker, kaneel, nootmuskaat, kruidnagel, zout en cayennepeper grondig.
c) Voeg de droge ingrediënten uit de kleine kom toe aan de pan met de andere ingrediënten. Roer om alles te combineren.
d) Verwarm het mengsel tot het aan de kook komt.
e) Zet het vuur lager en laat de chutney 25-30 minuten sudderen, terwijl je regelmatig roert.
f) Als je klaar bent, laat je de chutney afkoelen en bewaar je hem vervolgens maximaal 2 weken in de koelkast. Als alternatief kan het maximaal 1 jaar worden ingevroren.
g) Geniet van je heerlijke cranberry-vijgenchutney!

3. Drakenfruitchutney

INGREDIËNTEN:
- 1 drakenfruit, in blokjes gesneden
- 1 eetlepel plantaardige olie
- 1 kleine ui, fijngehakt
- 2 teentjes knoflook, fijngehakt
- 1 eetlepel geraspte gember
- ¼ kopje bruine suiker
- ¼ kopje appelazijn
- ¼ theelepel gemalen kaneel
- Zout en peper naar smaak

INSTRUCTIES:
a) Verhit de olie in een middelgrote pan op middelhoog vuur.
b) Voeg de ui, knoflook en gember toe en bak tot de ui zacht en doorschijnend is, ongeveer 5 minuten.
c) Voeg de in blokjes gesneden drakenfruit, bruine suiker, appelciderazijn, kaneel, zout en peper toe.
d) Breng aan de kook, zet het vuur lager en laat sudderen tot de saus dikker wordt en de drakenvrucht zacht is, ongeveer 15-20 minuten.
e) Serveer als smaakmaker voor gegrild vlees of als dipsaus voor loempia's.

4. Cranberry-sinaasappelchutney

INGREDIËNTEN:
- 24 ons hele veenbessen , gespoeld
- 2 kopjes witte ui , gehakt
- 4 theelepels gember , geschild, geraspt
- 2 kopjes gouden rozijn
- 1 1/2 kopjes witte suiker
- 2 kopjes 5% witte gedistilleerde azijn
- 1 1/2 kopjes bruine suiker
- 1 kopje sinaasappelsap
- 3 stokjes kaneel

INSTRUCTIES:
a) Combineer alle ingrediënten met behulp van een Dutch oven . Kook op hoog ; laat 15 minuten sudderen .
b) Verwijder de kaneelstokjes en gooi ze weg.
c) Vul potten en laat 1/2-inch ruimte over .
d) Laat luchtbellen los.
e) Sluit de potten goed af en verwarm ze vervolgens 5 minuten in een waterbad.

5. Fijische chili-mangochutney

INGREDIËNTEN:
- 2 rijpe mango's, geschild, ontpit en in blokjes gesneden
- ½ kopje suiker
- ¼ kopje azijn
- 2-3 rode chilipepers, fijngehakt (aanpassen aan je kruidenvoorkeur)
- ½ theelepel gember, geraspt
- ½ theelepel gemalen kruidnagel
- Zout naar smaak

INSTRUCTIES:
a) Meng in een pan mango's, suiker, azijn, rode chilipepers, gember, gemalen kruidnagel en een snufje zout.
b) Kook op laag vuur, af en toe roerend, tot het mengsel dikker wordt en de mango's zacht worden.
c) Laat de chutney afkoelen en bewaar hem vervolgens in een pot. Deze pittige mangochutney is perfect om een zoete en pittige kick aan je maaltijden toe te voegen.

6. Mangochutney

INGREDIËNTEN:
- 11 kopjes gehakte onrijpe mango
- 2 1/2 Eetlepels geraspte verse gember
- 4 1/2 kopjes suiker
- 1 theelepel inmaakzout
- 1 1/2 Eetlepels gehakte verse knoflook
- 3 kopjes 5% witte gedistilleerde azijn
- 2 1/2 kop gele ui, gehakt
- 2 1/2 kopjes gouden rozijnen
- 4 theelepels chilipoeder r

INSTRUCTIES:
a) Combineer suiker en azijn in a voorraadpot. Breng 5 minuten. Voeg alle andere ingrediënten toe.
b) 25 minuten sudderen , sporadisch bewegend .
c) Vul het mengsel in potten en laat een halve centimeter ruimte vrij . Laat luchtbellen los.
d) Sluit de potten goed af en verwarm ze vervolgens 5 minuten in een waterbad.

7.Fijische pittige tamarindechutney

INGREDIËNTEN:
- 1 kopje tamarindepulp
- ½ kopje bruine suiker
- ¼ kopje water
- 2-3 teentjes knoflook, fijngehakt
- 1-2 rode chilipepers, fijngehakt (aanpassen aan je kruidenvoorkeur)
- Zout naar smaak

INSTRUCTIES:
a) Meng in een pan tamarindepulp, bruine suiker, water, gehakte knoflook en gehakte chilipepers.
b) Kook op laag vuur, onder voortdurend roeren, tot het mengsel dikker wordt en de suiker oplost.
c) Breng op smaak met zout.
d) Laat de chutney afkoelen en serveer dan als een pittig Fijisch voorgerecht. Het past goed bij gebakken of gegrilde snacks.

8.Gekweekte Pittige Perzikchutney

INGREDIËNTEN:
- ½ kleine ui, gehakt (ongeveer ⅓ kopje gehakt) en gebakken
- 2 middelgrote perziken, ontpit en grof gesneden
- ½ theelepel ongeraffineerd zeezout
- Snufje zwarte peper
- ⅛ theelepel kruidnagel
- ¼ theelepel kurkumapoeder
- ½ theelepel gemalen koriander
- ½ theelepel kaneel
- 1 cayennepeper, gedroogd en geplet
- 3 eetlepels wei, 2 probiotische capsules of ½ theelepel probiotisch poeder

INSTRUCTIES:
a) Combineer alle ingrediënten in een kom; Als u probiotische capsules gebruikt, giet u de inhoud in het fruitmengsel en gooit u de lege capsulehulzen weg.
b) Meng tot het goed gemengd is. Giet het mengsel in een stenen pot van een halve liter met deksel, dek af en laat ongeveer twaalf uur op kamertemperatuur staan.
c) Zet het in de koelkast, waar het ongeveer vier dagen bewaard moet blijven.

9. Chutney van ingelegde vijgen en rode uien

INGREDIËNTEN:
- 2 kopjes verse vijgen, in vieren
- 1 grote rode ui, in dunne plakjes gesneden
- 1 kopje rode wijnazijn
- 1/2 kopje honing
- 1 theelepel mosterdzaad
- 1/2 theelepel zwarte peper
- Snufje zout

INSTRUCTIES:
a) Meng in een pan de in vieren gesneden vijgen, in dunne plakjes gesneden rode ui, rode wijnazijn, honing, mosterdzaad, zwarte peper en een snufje zout.
b) Breng het mengsel aan de kook en kook tot de vijgen en uien zacht zijn.
c) Laat de chutney afkoelen voordat je hem in schone potten doet. Afdichten en in de koelkast bewaren.

10. Vlierbessen-pruimenchutney

INGREDIËNTEN:
- ½ kopje rode ui, gehakt
- 1 eetlepel olijfolie
- 4 donkere pruimen, ontpit en gehakt (ongeveer 2 kopjes)
- ½ kopje gedroogde rozenbottels (of rozijnen)
- ¾ kopje suiker
- 1 theelepel gemalen kaneel
- ½ theelepel gemalen gember
- ½ theelepel gedroogde kruidnagel
- 1 kopje vlierbessenazijn

INSTRUCTIES:
a) In een pan van 2 liter bak je de ui in de olijfolie op middelhoog vuur, onder voortdurend roeren tot ze doorschijnend is, ongeveer 5 minuten.

b) Voeg de pruimen, rozenbottels, suiker, kaneel, gember, kruidnagel en vlierbessenazijn toe. Zet het vuur middelhoog en kook, onbedekt, tot het fruit is ingestort en het mengsel is ingedikt, ongeveer 25 minuten. Roer vaak om plakken te voorkomen.

c) Laat de chutney afkoelen en schep deze in een kleine glazen pot. Bewaar het maximaal 6 maanden in de koelkast (als je het niet eerst opeet!)

d) GEZONDHEIDSTIP: Donkerrode, blauwe en paars gepigmenteerde voedingsmiddelen bevatten van nature veel nuttige antioxidanten, anthocyanen genaamd , die gunstig zijn voor de cardiovasculaire gezondheid, kankerpreventie en het reguleren van de glucosespiegels. Vooral vlierbessen staan bovenaan mijn lijst voor de preventie van verkoudheid en griep vanwege hun hoge antivirale activiteit. Vlierbessenpreparaten, zoals thee, siropen, azijn, struiken en gelei, kunnen de gezondheid van de luchtwegen bevorderen, ontstekingen van de bovenste luchtwegen verzachten en werken als slijmoplossend middel voor verstopte longen.

11.gekarameliseerde peer en granaatappel

INGREDIËNTEN:
- 2 grote rijpe peren (geschild, klokhuis verwijderd en in blokjes gesneden)
- 1 kopje granaatappelpitjes
- ½ kopje bruine suiker
- ¼ kopje appelazijn
- 1 theelepel gemalen kaneel
- ½ theelepel gemalen gember
- ¼ theelepel gemalen kruidnagel
- Snufje zout
- 1 eetlepel olijfolie

INSTRUCTIES:
a) Verhit olijfolie in een koekenpan op middelhoog vuur. Voeg de in blokjes gesneden peren toe en bak 3-4 minuten tot ze zacht worden.
b) Strooi bruine suiker over de peren en blijf koken, onder regelmatig roeren, tot de suiker karamelliseert en de peren bedekt, ongeveer 5-7 minuten. Giet de appelciderazijn erbij en roer om de pan te blussen.
c) Voeg granaatappelpitjes, gemalen kaneel, gemalen gember, gemalen kruidnagel en een snufje zout toe. Goed roeren.
d) Zet het vuur laag en laat nog eens 10 minuten sudderen, of tot de chutney dikker wordt.
e) Haal van het vuur en laat de chutney afkoelen voordat je hem in een pot of container doet.

12.Pittige (gefermenteerde) fruitchutney

INGREDIËNTEN:
- 3-4 geschilde, gehakte appels, perziken of ½ gehakte ananas
- ½ kopje gedroogde gehakte abrikozen, pruimen, gele rozijnen, veenbessen, kersen, pecannoten
- 1 gesneden prei
- Sap van twee citroenen
- ¼ kopje wei, uitgelekt uit yoghurt of waterkefir of kombucha (zorgt voor een goede gisting)
- 2 theelepels zeezout
- 1 theelepel kaneel
- ⅛ theelepel rode pepervlokken
- Water of kokoswater om af te dekken

INSTRUCTIES:
a) Meng in een grote kom alle ingrediënten, behalve het water.
b) Verpak het in schone glazen potten en laat bovenaan een centimeter of twee ruimte vrij.
c) Dek af en laat 2 à 3 dagen op kamertemperatuur rusten.
d) Bewaar het maximaal een maand in de koelkast of vries het in.

13. Chutney van gekonfijt fruit

INGREDIËNTEN:
- 2 kopjes gemengd gekonfijt fruit, gehakt
- 1 kopje gedroogde abrikozen, gehakt
- 1/2 kop rozijnen
- 1 kopje bruine suiker
- 1 kopje appelazijn
- 1 theelepel gemalen gember
- 1/2 theelepel gemalen kaneel
- Snufje cayennepeper (optioneel)

INSTRUCTIES:
a) Meng alle ingrediënten in een pan en breng aan de kook.
b) Zet het vuur lager en laat 30-40 minuten sudderen, of tot de chutney is ingedikt.
c) Laat het afkoelen voordat je het serveert.
d) Deze chutney past goed bij geroosterd vlees, kaas of als spread op sandwiches.

14. Fruitbarbecue chutney

INGREDIËNTEN:

- 16 kleine sjalotten
- 1¼ kopje Droge witte wijn
- 4 matige Abrikozen
- 2 grote perziken
- 2 Hele pruimtomaatjes
- 12 Hele pruimen
- 2 matige knoflookteentjes
- 2 eetlepels natriumarme sojasaus
- ½ kopje donkerbruine suiker
- ¼ theelepel Rode pepervlokken

INSTRUCTIES:

Meng de sjalotjes en de wijn in een kleine pan en breng op hoog vuur aan de kook.

Zet het vuur middelmatig laag en laat sudderen, afdekken met deksel , tot de sjalotten zacht zijn, 15 tot 20 minuten

Meng de resterende ingrediënten in een grote pan, voeg de sjalotjes en de wijn toe en breng op hoog vuur aan de kook . Zet het vuur laag en kook tot het fruit is afgebroken maar nog steeds enigszins brokkelig is, 10 tot 15 minuten . Laat afkoelen.

Beweging een deel van de saus in een keukenmachine doen en pureren. Gebruik dit als pekel

15. Zoetzure papajachutney

INGREDIËNTEN:
- 1 papaja (vers, rijp of uit een pot)
- 1 kleine rode ui; zeer dun gesegmenteerd
- 1 matige tomaat-(tot 2); gezaaid , klein in blokjes gesneden
- ½ kopje gesegmenteerde lente-uitjes
- 1 kleine ananas, in stukjes gesneden
- 1 eetlepel honing
- Zout; naar smaak
- Versgemalen zwarte peper; naar smaak
- ½ Verse jalapeno; fijn gesneden

INSTRUCTIES:
Meng in een mixer

16. Appel- en pruimenchutney

INGREDIËNTEN:

- 700 gram appels, geschild, klokhuis verwijderd en in blokjes gesneden
- 1250 Gr. (2 pond, 11 oz.) pruimen
- 450 Gr.(1 pond) uien, geschild en in blokjes gesneden
- 2 kopjes Sultana's
- 2 kopjes Appelazijn
- 2⅔kop Zachte bruine suiker
- 1 eetlepel zout
- 1 theelepel gemalen piment
- 1 theelepel Gemalen gember
- ¼ theelepel Gemalen nootmuskaat
- ¼ theelepel Gemalen cayennepeper
- ¼ theelepel gemalen kruidnagel
- 2 theelepels Mosterdzaad
- Gesteriliseerde glazen potten

INSTRUCTIES:

Breng alle ingrediënten in een vrij grote pan aan de kook. Zet het vuur lager. Laat ongeveer 2 uur sudderen.

Als het mengsel dik genoeg is, giet je de chutney in gesteriliseerde potten en sluit je ze onmiddellijk.

17. Carambola chutney

INGREDIËNTEN:
- 2 kopjes Carambola (sterfruit) in blokjes (3/4 lb)
- ¼ kopje suiker
- ½ kopje Droge rode wijn
- 1 eetlepel gember, geschild, in fijne blokjes gesneden
- ¼ theelepel gemalen kruidnagel
- 2 eetlepels Witte wijnazijn

INSTRUCTIES:
Meng alle ingrediënten in een middelgrote pan en roer goed. Breng aan de kook op middelhoog vuur en kook gedurende 25 minuten of langer tot het iets dikker is.

18. Chutney van kardemom-gekruide kweeperen

INGREDIËNTEN:
- 2 kweeperen, geschild, klokhuis verwijderd en in blokjes gesneden
- 1 ui, fijngehakt
- 1/2 kop bruine suiker
- 1/4 kopje appelciderazijn
- 1 theelepel gemalen kardemom
- 1/2 theelepel gemalen kaneel
- 1/4 theelepel gemalen kruidnagel
- Snufje zout

INSTRUCTIES:
a) Meng in een pan de in blokjes gesneden kweeperen, gesnipperde ui, bruine suiker, appelciderazijn, gemalen kardemom, gemalen kaneel, gemalen kruidnagel en een snufje zout.
b) Breng het mengsel aan de kook, zet het vuur laag en laat het ongeveer 30-40 minuten koken, of tot de kweeperen gaar zijn en de chutney dikker wordt.
c) Pas de zoetheid en kruiden naar smaak aan.
d) Laat de kweeperenchutney afkoelen voordat je hem serveert. Het past goed bij kaas, geroosterd vlees of als smaakmaker voor sandwiches.

19. Bananenchutney

INGREDIËNTEN:
- 6 Bananen
- 1 kop Gehakte ui
- 1 kopje rozijnen
- 1 kop Gehakte appels
- 1 kopje appelciderazijn
- 2 kopjes suiker
- 1 eetlepel zout
- 1 theelepel Gemalen gember
- 1 theelepel Nootmuskaat
- ¼ kopje Cayennepeper
- ⅓ kopje Citroensap
- 3 teentjes knoflook fijngehakt

INSTRUCTIES:
Schil de bananen en prak ze fijn. Meng alle ingrediënten in een grote ovenschaal. Bak ze ongeveer 2 uur op een grill van 350°C , af en toe roerend.

Wanneer het dik is geworden, in gesteriliseerde potten scheppen en afsluiten.

20.Dadel-sinaasappelchutney

INGREDIËNTEN:
- 1 pond Onbehandelde sinaasappelen
- 3½ kopje suiker
- 7 eetlepels Gouden siroop
- 2 eetlepels Grof zout
- ¼ theelepel Gedroogde pepers;gemalen
- 6¾ kopje moutazijn
- 1 pond uien; in blokjes gesneden
- 1 pond dadels; stoned en in blokjes gesneden
- 1 pond rozijnen

INSTRUCTIES:

Rasp de sinaasappelschil en zet apart. Haal het merg uit de sinaasappels en gooi de zaadjes weg. Snijd het vruchtvlees van de sinaasappel fijn . Meng in een grote roestvrijstalen pan de suiker, siroop, zout, pepers en azijn.

Breng op hoog vuur aan de kook en roer om de suiker op te lossen. Voeg de sinaasappels, uien, dadels, rozijnen en Verdeel de geraspte schil in stukjes. Zet het vuur lager en laat het geheel ongeveer 1 uur sudderen tot het dik is . Roer de resterende sinaasappelschil erdoor.

21. Verse ananaschutney

INGREDIËNTEN:
- 1 Lg. (6-7 lb) verse ananas
- 1 eetlepel zout
- ½L teentje knoflook, gepureerd
- 1¾ kopje pitloze rozijnen
- 1¼ kopje lichtbruine suiker
- 1 kopje ciderazijn
- 2 kaneelstokjes van 2 inch
- ¼ theelepel gemalen kruidnagel

INSTRUCTIES:

Schil, segmenteer en snijd de ananas fijn. besprenkel met zout en laat 1½ uur rusten . Giet af.

Doe de knoflook en de rozijnen door een hakmolen met behulp van de matige snelheid mes. Voeg toe aan de ananas.

Meng de suiker, azijn en kruiden in een pan en breng aan de kook. Voeg het fruitmengsel toe en kook op matig vuur tot het ingedikt is, ongeveer 45 minuten . Schep het in hete, gesteriliseerde fractionele - ping-potten en sluit ze in één keer af.

22. Limoenchutney

INGREDIËNTEN:
- 12 limoenen
- 2 peulen knoflook
- Stukje gember van 4 inch
- 8 Groene pepers
- 1 eetlepel chilipoeder
- 12 eetlepels suiker
- 1 kopje azijn

INSTRUCTIES:
Maak de limoenen schoon en snij ze in kleine stukjes, verwijder de pitjes. Bewaar het limoensap dat tijdens het hakken ontstaat. Snijd de knoflook, gember en chilipepers fijn . Meng alle ingrediënten behalve de azijn. Kook op een laag vuur tot het mengsel gaar is. dik. Voeg de azijn toe en laat 5 minuten sudderen. Afkoelen en in een fles doen. Na 3-4 weken eten.

23. Limoen-appelchutney

INGREDIËNTEN:
- ¼ kopje Vers limoensap
- 1 eetlepel zout
- 1 kleine ui; heel fijn
- 1½ pond scherpe groene appels
- theelepel rode chilipepervlokken
- 1½ theelepel honing
- ¼ kopje Geraspte ongezoete kokosnoot

INSTRUCTIES:
Meng in een niet-reactieve schaal limoensap en zout en roer tot het zout is opgelost.
Voeg ui, appels, hete pepervlokken, honing en kokosnoot toe. Roer om te mengen Dek af met deksel en laat minimaal 10 minuten rusten voordat u het serveert.

24. Gerookte appelchutney

INGREDIËNTEN:

- 4 pond Granny Smith -appel, geschild en gesegmenteerd
- 1 grote rode of groene paprika, zonder zaadjes en in blokjes
- 2 grote gele uien, in blokjes gesneden
- 1 grote teen knoflook, fijngehakt
- 1 stuk verse gember van 2 inch, dun gesegmenteerd
- 2 eetlepels Geel mosterdzaad
- ½ kopje ciderazijn
- ¼ kopje water
- 1 kopje bruine suiker, verpakt
- ¾ kopje rozijnen of rozijnen

INSTRUCTIES:

Meng alle ingrediënten in de pot.
Roer om te mengen. Plaats op het bovenste rek van de roker. Dek de roker af met een deksel en rook 4 tot 5 uur, terwijl u af en toe de chutney roert. Voeg indien nodig meer water toe. Eventuele restjes kunnen in potten met deksel en deksel enkele weken in de koelkast worden bewaard .

25. Nectarine chutney

INGREDIËNTEN:
- 1 kopje lichtbruine suiker (verpakt)
- ½ kopje ciderazijn
- 4 nectarines, geschild en in blokjes (maximaal 5)
- 1 kopje rozijnen
- 1 Hele citroen, schil ervan
- 1 Hele citroen, geschild, zonder zaadjes en in blokjes gesneden
- 2 eetlepels Verse gember, fijngehakt
- 1 grote teen knoflook, fijngehakt
- ½ theelepel kerriepoeder
- ¼ theelepel Cayennepeper

INSTRUCTIES:
In een gematigde, niet-reactieve vorm pan, kook azijn en bruine suiker op matig vuur Verhit, roer om de suiker op te lossen. Breng aan de kook. Voeg de resterende ingrediënten toe.

Kook gedurende 3 tot 5 minuten. Haal van het vuur en laat afkoelen. 2 weken in de koelkast bewaren of in blik. Serveer met gevogelte, varkensvlees of ham.

26. Snelle perzikchutney

INGREDIËNTEN:
- 2 blikjes gesegmenteerde perzik op sap; (16 oz) reservesap
- ¼ kopje Plus 1 eetlepel witte wijnazijn
- ¼ kopje suiker
- ½ kopje ui; fijn gesneden
- 1 kleine Jalapeno, zonder steel , zonder zaadjes, in fijne blokjes gesneden
- ½ theelepel Gemalen komijn
- ¼ theelepel kurkuma
- ¼ theelepel Gemalen kaneel
- ⅓ kopje Gouden rozijnen

INSTRUCTIES:
a) Meng de azijn, suiker, ui en jalapeno in een middelgrote , niet - aluminium pan . Roer op matig laag vuur gedurende 3 minuten.
b) Verwerk de uitgelekte perzik tot een grove puree in een keukenmachine. Voeg toe aan de pan met het ¼ kopje gereserveerde perziksap , komijn , kurkuma, kaneel en rozijnen.
c) Breng aan de kook, zet het vuur lager en laat 20 minuten sudderen, terwijl je regelmatig roert.
d) Verplaats de chutney naar een bord. Serveer warm of op kamertemperatuur.

27. Kardemom-gekruide mangochutney

INGREDIËNTEN:
- 2 kopjes in blokjes gesneden rijpe mango
- 1/2 kop gehakte rode ui
- 1/4 kop rozijnen
- 1/2 kop bruine suiker
- 1/2 kopje appelciderazijn
- 1 theelepel gemalen kardemom
- 1/2 theelepel gemalen gember
- 1/4 theelepel rode pepervlokken (optioneel)
- Zout naar smaak

INSTRUCTIES:

a) Meng in een pan de in blokjes gesneden mango, rode ui, rozijnen, bruine suiker, appelciderazijn, gemalen kardemom, gemalen gember en rode pepervlokken.

b) Breng het mengsel aan de kook, zet het vuur lager en laat het ongeveer 30-40 minuten sudderen, of tot de chutney dikker wordt.

c) Breng op smaak met zout.

d) Laat de chutney afkoelen voordat je hem serveert. Het past goed bij gegrild vlees, curry's of als smaakmaker voor sandwiches.

GISTENDE FRUITDRANKEN

28. Blozen Rose Kombucha

INGREDIËNTEN:
- 2 kopjes in blokjes gesneden aardbeien
- 3 kopjes groene thee kombucha
- 2 theelepels rozenwater

INSTRUCTIES:
a) Gebruik een aardappelstamper in een kleine kom om de aardbeien fijn te pureren tot ze klein en sappig zijn.
b) Giet de gepureerde aardbeien in een zeef van draadgaas die boven een pot van een kwart gallon is geplaatst. Druk met de achterkant van een lepel op de vaste aardbeienmassa om zoveel mogelijk sap te extraheren. Gooi de pulp weg.
c) Voeg de groene thee kombucha toe aan het aardbeienvocht.
d) Voeg het rozenwater toe aan de pot, roer en serveer op ijs.

29.Perzik Kombucha Lassi

INGREDIËNTEN:
- 4 ons oolong of groene thee kombucha
- 1½ kopjes in blokjes gesneden perziken
- 6 ons yoghurt
- Scheutje rozenwater

INSTRUCTIES:
a) Meng de kombucha , perziken, yoghurt en rozenwater in een blender en mix tot een gladde massa.
b) Serveer onmiddellijk.

30.Limonade Kombucha

INGREDIËNTEN:
- 1¼ kopjes vers geperst citroensap
- 15 kopjes groene thee of oolong kombucha

INSTRUCTIES:
a) Giet 2 eetlepels citroensap in elke fles van 16 ounce.
b) Vul de flessen met een trechter met kombucha en laat ongeveer 2,5 cm ruimte vrij in elke bottleneck.
c) Sluit de flessen goed af.
d) Plaats de flessen op een warme plaats, ongeveer 22°C, en laat ze 48 uur gisten.
e) Bewaar 1 fles gedurende 6 uur in de koelkast, totdat deze volledig gekoeld is. Open de fles (boven de gootsteen) en proef de kombucha . Als het naar uw tevredenheid bruist, bewaar dan alle flessen in de koelkast om de gisting te stoppen. Als het er nog niet is, laat de ongeopende flessen dan nog een dag of twee staan en probeer het opnieuw. Zodra het gewenste bruisen en zoetheid is bereikt, bewaart u alle flessen in de koelkast om de gisting te stoppen.
f) Zeef voor het serveren om eventueel nog aanwezige giststrengen te verwijderen en weg te gooien.

31. Blackberry Zinger

INGREDIËNTEN:
- 2 kopjes bramen
- 4 ons vers geperst limoensap
- 14 kopjes zwarte thee kombucha

INSTRUCTIES:
a) Gebruik een grote lepel of aardappelstamper in een grote kom om de bramen te pureren en hun sappen vrij te geven.
b) Breng de bessen over naar een fermentatievat van gallonformaat en voeg het limoensap toe.
c) Vul de rest van het vat met de zwarte thee kombucha.
d) Bedek de pot met een schone witte doek en zet deze vast met een rubberen band. Laat de pot staan
e) fermenteer gedurende 2 dagen op een warme plaats, tussen 68°F en 72°F.
f) Na 48 uur zeef je het mengsel om de bramenzaden te verwijderen.
g) Giet het mengsel met behulp van een trechter in flessen en sluit ze goed af.
h) Laat de flessen op een warme plaats (ongeveer 22°C) staan om nog eens 2 dagen te gisten.
i) Bewaar 1 fles gedurende 6 uur in de koelkast, totdat deze volledig gekoeld is. Open de fles (boven de gootsteen) en proef de kombucha. Als het naar uw tevredenheid bruist, bewaar dan alle flessen in de koelkast en serveer ze zodra ze gekoeld zijn. Als het er nog niet is, laat de ongeopende flessen dan nog een dag of twee staan en probeer het opnieuw.
j) Zodra het gewenste bruisen en zoetheid is bereikt, bewaart u alle flessen in de koelkast om de gisting te stoppen.

32. Granaatappel Kombucha

INGREDIËNTEN:
- 14 kopjes water, verdeeld
- 4 zwarte theezakjes
- 4 groene theezakjes
- 1 kopje suiker
- 1 SCOBY
- 2 kopjes starterthee
- 1 kopje granaatappelsap, verdeeld
- 2 theelepels vers geperst citroensap, verdeeld
- 4 plakjes verse gember, verdeeld

INSTRUCTIES:
a) Verwarm in een grote pan 4 kopjes water tot 212 ° F op middelhoog vuur en haal de pan dan onmiddellijk van het vuur.
b) Voeg de zwarte en groene theezakjes toe en roer één keer. Dek de pan af en laat de thee 10 minuten trekken .
c) Verwijder de theezakjes. Voeg de suiker toe en roer tot alle suiker is opgelost.
d) Giet de resterende 10 kopjes water in de pan om de thee af te koelen. Controleer de temperatuur om er zeker van te zijn dat deze lager is dan 85°F voordat u verdergaat.
e) Giet de thee in een pot van 1 gallon.
f) Was uw handen en spoel ze grondig af, leg vervolgens de SCOBY op het oppervlak van de thee en voeg de starterthee toe aan de pot.
g) Bedek de opening van de pot met een schone witte doek en zet deze op zijn plaats met een rubberen band. Laat de pot op een warme plaats, rond de 22°C, gedurende 7 dagen staan om te gisten.
h) Proef na 7 dagen de kombucha . Als het te zoet is, laat het dan nog een dag of twee fermenteren. Zodra de kombucha u lekker smaakt, verwijdert u de SCOBY en bewaart u deze voor toekomstig gebruik.
i) Reserveer 2 kopjes kombucha voor je volgende batch voordat je de rest van de kombucha op smaak brengt .

33. Bosbessen-Gember Kombucha

INGREDIËNTEN:
- 2 kopjes bosbessen
- ¼ kopje gekonfijte gember, gehakt
- 14 kopjes Oolong thee kombucha

INSTRUCTIES:
a) Gebruik een grote lepel of aardappelstamper in een grote kom om de bosbessen te pureren en hun sappen vrij te geven.
b) Breng de bessen over naar een fermentatievat ter grootte van een gallon en voeg de gekonfijte gember en oolong thee kombucha toe.
c) Bedek de pot met een schone witte doek en zet deze vast met een rubberen band. Laat de pot 2 dagen gisten op een warme plaats, tussen 68°F en 72°F.
d) Na 48 uur zeef je het mengsel om de stukjes bosbessen en gember te verwijderen.
e) kombucha met behulp van een trechter in de flessen en sluit ze goed af.
f) Plaats de flessen op een warme plaats, ongeveer 22°C, en laat ze 48 uur gisten.
g) Bewaar 1 fles gedurende 6 uur in de koelkast, totdat deze volledig gekoeld is. Open de fles (boven de gootsteen) en proef de kombucha. Als het naar uw tevredenheid bruist, bewaar dan alle flessen in de koelkast en serveer ze zodra ze gekoeld zijn. Als het er nog niet is, laat de ongeopende flessen dan nog een dag of twee staan en probeer het opnieuw.
h) Zodra het gewenste bruisen en zoetheid is bereikt, bewaart u alle flessen in de koelkast om de gisting te stoppen.

GISTENDE SAUZEN EN COMPOTES

34. Gefermenteerde bessencompote

INGREDIËNTEN:
- 2 kopjes gemengde bessen (zoals aardbeien, bosbessen, frambozen)
- 1/4 kopje honing
- 1 eetlepel wei of fermentatiestarter

INSTRUCTIES:
a) Was de bessen grondig en doe ze in een glazen pot.
b) Meng in een kleine kom de honing en wei (of fermentatiestarter) tot alles goed gemengd is.
c) Giet het honingmengsel over de bessen in de pot.
d) Gebruik een lepel of schone handen om enkele bessen voorzichtig te pletten, zodat hun sappen vrijkomen.
e) Dek de pot losjes af met een deksel of doek.
f) Laat de compote 2-3 dagen bij kamertemperatuur fermenteren, waarbij u één keer per dag roert.
g) Eenmaal gefermenteerd, doe de compote in een afgesloten bakje en bewaar hem in de koelkast. Geniet van yoghurt, havermout of als topping voor desserts.

35. Gefermenteerde appelmoes

INGREDIËNTEN:
- 4-5 middelgrote appels, geschild, klokhuis verwijderd en in plakjes gesneden
- 1/4 kopje water
- 1 eetlepel honing of ahornsiroop
- 1 eetlepel wei of fermentatiestarter
- 1 theelepel gemalen kaneel (optioneel)

INSTRUCTIES:
a) Doe de gesneden appels in een pan met water op middelhoog vuur.
b) Kook de appels tot ze zacht zijn en gemakkelijk gepureerd kunnen worden, ongeveer 10-15 minuten.
c) Haal de pan van het vuur en laat de appels iets afkoelen.
d) Pureer de gekookte appels met een vork of aardappelstamper tot de gewenste consistentie is bereikt.
e) Roer de honing of ahornsiroop, wei (of fermentatiestarter) en kaneel (indien gebruikt) erdoor.
f) Doe de appelmoes in een glazen pot.
g) Dek de pot losjes af met een deksel of doek.
h) Laat de saus 2-3 dagen bij kamertemperatuur fermenteren.
i) Eenmaal gefermenteerd, bewaar de appelmoes in de koelkast. Geniet ervan als tussendoortje of bijgerecht.

36. Gefermenteerde cranberrysaus

INGREDIËNTEN:
- 2 kopjes verse veenbessen
- 1/2 kopje sinaasappelsap
- 1/4 kopje honing of ahornsiroop
- Schil van 1 sinaasappel
- 1 eetlepel wei of fermentatiestarter

INSTRUCTIES:
i) Spoel de veenbessen af en doe ze in een pan met sinaasappelsap op middelhoog vuur.
j) Kook de veenbessen tot ze beginnen te barsten en zacht worden, ongeveer 10-15 minuten.
k) Haal de pan van het vuur en laat de veenbessen iets afkoelen.
l) Pureer de veenbessen met een vork of aardappelstamper tot de gewenste consistentie is bereikt.
m) Roer de honing of ahornsiroop, sinaasappelschil en wei (of fermentatiestarter) erdoor.
n) Doe de cranberrysaus in een glazen pot.
o) Dek de pot losjes af met een deksel of doek.
p) Laat de saus 2-3 dagen bij kamertemperatuur fermenteren.
q) Eenmaal gefermenteerd, bewaar de cranberrysaus in de koelkast. Geniet ervan als bijgerecht bij vakantiemaaltijden.

37. Gefermenteerde ananassalsa

INGREDIËNTEN:
- 2 kopjes in blokjes gesneden verse ananas
- 1/2 rode ui, fijngehakt
- 1 jalapenopeper, zonder zaadjes en fijngehakt
- 1/4 kopje verse koriander, gehakt
- Sap van 2 limoenen
- 1 eetlepel wei of fermentatiestarter
- Zout naar smaak

INSTRUCTIES:
a) Meng in een kom de in blokjes gesneden ananas, de gehakte rode ui, de jalapenopeper en de koriander.
b) Voeg het limoensap, de wei (of de fermentatiestarter) en zout naar smaak toe. Goed mengen.
c) Doe het salsamengsel in een glazen pot.
d) Dek de pot losjes af met een deksel of doek.
e) Laat de salsa 1-2 dagen op kamertemperatuur fermenteren.
f) Eenmaal gefermenteerd, bewaar de ananassalsa in de koelkast. Lekker met tortillachips of als topping voor gegrilde vis of kip.

38.Gefermenteerde mangosalsa

INGREDIËNTEN:
- 2 rijpe mango's, geschild, ontpit en in blokjes gesneden
- 1/2 rode ui, fijngehakt
- 1 jalapenopeper, zonder zaadjes en fijngehakt
- 1/4 kopje verse koriander, gehakt
- Sap van 2 limoenen
- 1 eetlepel wei of fermentatiestarter
- Zout naar smaak

INSTRUCTIES:
a) Meng in een kom de in blokjes gesneden mango, de gehakte rode ui, de jalapenopeper en de koriander.
b) Voeg het limoensap, de wei (of de fermentatiestarter) en zout naar smaak toe. Goed mengen.
c) Doe het salsamengsel in een glazen pot.
d) Dek de pot losjes af met een deksel of doek.
e) Laat de salsa 1-2 dagen op kamertemperatuur fermenteren.
f) Eenmaal gefermenteerd bewaar je de mangosalsa in de koelkast. Lekker met tortillachips of als topping voor gegrilde vis of kip.

39.Gefermenteerde perziksalsa

INGREDIËNTEN:
- 2 rijpe perziken, geschild, ontpit en in blokjes gesneden
- 1/2 rode ui, fijngehakt
- 1 jalapenopeper, zonder zaadjes en fijngehakt
- 1/4 kopje verse koriander, gehakt
- Sap van 2 limoenen
- 1 eetlepel wei of fermentatiestarter
- Zout naar smaak

INSTRUCTIES:
a) Meng in een kom de in blokjes gesneden perziken, de gehakte rode ui, de jalapenopeper en de koriander.
b) Voeg het limoensap, de wei (of de fermentatiestarter) en zout naar smaak toe. Goed mengen.
c) Doe het salsamengsel in een glazen pot.
d) Dek de pot losjes af met een deksel of doek.
e) Laat de salsa 1-2 dagen op kamertemperatuur fermenteren.
f) Eenmaal gefermenteerd, bewaar de perziksalsa in de koelkast. Lekker met tortillachips of als topping voor gegrilde vis of kip.

40. Gefermenteerde watermeloensalsa

INGREDIËNTEN:
- 2 kopjes in blokjes gesneden pitloze watermeloen
- 1/2 rode ui, fijngehakt
- 1 jalapenopeper, zonder zaadjes en fijngehakt
- 1/4 kopje verse muntblaadjes, gehakt
- Sap van 2 limoenen
- 1 eetlepel wei of fermentatiestarter
- Zout naar smaak

INSTRUCTIES:
a) Meng in een kom de in blokjes gesneden watermeloen, de gehakte rode ui, de jalapenopeper en de muntblaadjes.
b) Voeg het limoensap, de wei (of de fermentatiestarter) en zout naar smaak toe. Goed mengen.
c) Doe het salsamengsel in een glazen pot.
d) Dek de pot losjes af met een deksel of doek.
e) Laat de salsa 1-2 dagen op kamertemperatuur fermenteren.
f) Eenmaal gefermenteerd, bewaar de watermeloensalsa in de koelkast.
g) Lekker met tortillachips of als topping voor gegrilde vis of kip.

41. Gefermenteerde uienchutney

INGREDIËNTEN:
- 6 kopjes In blokjes gesneden zoete uien
- ½ kopje Vers citroensap
- 2 theelepels Heel komijnzaad
- 1 theelepel Heel mosterdzaad
- ½ theelepel Tabasco-saus
- ¼ theelepel Rode pepervlokken
- 2 theelepels Gemalen chilipeper
- ¼ kopje Lichtbruine suiker
- 1 stuk Zout naar smaak

INSTRUCTIES:
a) Meng alle ingrediënten in een zware pan op matig vuur.
b) Breng aan de kook en roer regelmatig.
c) Wanneer het mengsel aan de kook komt, onmiddellijk Haal het van het vuur en verpak het in hete gesteriliseerde potten.
d) Vacuümafdichting.

GISTENDE FRUITJAMS EN GELEI

42. Gefermenteerde Aardbeienjam

INGREDIËNTEN:
- 2 pond aardbeien, gepeld en gehakt
- 1 kopje suiker
- 2 eetlepels citroensap
- 1 eetlepel wei of fermentatiestarter

INSTRUCTIES:
a) Meng de gehakte aardbeien en suiker in een grote kom. Laat 1 uur staan zodat de aardbeien hun sappen kunnen vrijgeven.
b) Doe de aardbeien en hun sappen in een pan. Voeg het citroensap toe en breng aan de kook op middelhoog vuur.
c) Kook de aardbeien, onder regelmatig roeren, tot het mengsel dikker wordt, ongeveer 15-20 minuten.
d) Haal de pan van het vuur en laat het mengsel iets afkoelen.
e) Roer de wei of de fermentatiestarter erdoor.
f) Breng de jam over in gesteriliseerde potten.
g) Bedek de potten losjes met deksels of een doek.
h) Laat de jam 1-2 dagen bij kamertemperatuur fermenteren.
i) Eenmaal gefermenteerd, sluit u de potten goed af en bewaart u ze in de koelkast. Lekker op toast of met yoghurt.

43. Gefermenteerde perzikgelei

INGREDIËNTEN:
- 4 pond rijpe perziken, geschild, ontpit en in stukjes gesneden
- 1 kopje water
- 2 kopjes suiker
- Sap van 1 citroen
- 1 eetlepel wei of fermentatiestarter

INSTRUCTIES:
a) Meng de gehakte perziken en het water in een grote pan. Breng op middelhoog vuur aan de kook, zet het vuur laag en laat het 10 minuten sudderen.
b) Pureer de perziken met een aardappelstamper of vork.
c) Plaats een fijnmazige zeef of kaasdoek over een kom en zeef het perzikmengsel en druk het naar beneden om zoveel mogelijk vloeistof te extraheren.
d) Meet het gezeefde perziksap af en doe het terug in de pan. Voeg een gelijke hoeveelheid suiker toe aan het sap.
e) Voeg citroensap toe aan de pan en breng het mengsel onder voortdurend roeren aan de kook.
f) Kook het mengsel tot het het gelstadium bereikt, ongeveer 10-15 minuten.
g) Haal de pan van het vuur en laat het mengsel iets afkoelen.
h) Roer de wei of de fermentatiestarter erdoor.
i) Giet de gelei in gesteriliseerde potten.
j) Bedek de potten losjes met deksels of een doek.
k) Laat de gelei 1-2 dagen bij kamertemperatuur fermenteren.
l) Eenmaal gefermenteerd, sluit u de potten goed af en bewaart u ze in de koelkast. Geniet ervan op toast of als glazuur voor vlees.

44. Gefermenteerde Frambozenjam

INGREDIËNTEN:
- 3 kopjes frambozen
- 1 kopje suiker
- 1 eetlepel citroensap
- 1 eetlepel wei of fermentatiestarter

INSTRUCTIES:
a) Meng de frambozen en suiker in een grote kom. Laat 1 uur staan zodat de frambozen hun sappen kunnen vrijgeven.
b) Doe het frambozenmengsel in een pan. Voeg het citroensap toe en breng aan de kook op middelhoog vuur.
c) Kook de frambozen, onder regelmatig roeren, tot het mengsel dikker wordt, ongeveer 15-20 minuten.
d) Haal de pan van het vuur en laat het mengsel iets afkoelen.
e) Roer de wei of de fermentatiestarter erdoor.
f) Breng de jam over in gesteriliseerde potten.
g) Bedek de potten losjes met deksels of een doek.
h) Laat de jam 1-2 dagen bij kamertemperatuur fermenteren.
i) Eenmaal gefermenteerd, sluit u de potten goed af en bewaart u ze in de koelkast. Lekker op toast of met yoghurt.

45. Gefermenteerde bosbessengelei

INGREDIËNTEN:
- 4 kopjes bosbessen
- 1 kopje water
- 2 kopjes suiker
- Sap van 1 citroen
- 1 eetlepel wei of fermentatiestarter

INSTRUCTIES:
a) Meng de bosbessen en het water in een grote pan. Breng op middelhoog vuur aan de kook, zet het vuur laag en laat het 10 minuten sudderen.
b) Pureer de bosbessen met een aardappelstamper of vork.
c) Plaats een fijnmazige zeef of kaasdoek over een kom en zeef het bosbessenmengsel en druk het naar beneden om zoveel mogelijk vloeistof te extraheren.
d) Meet het uitgelekte bosbessensap af en doe het terug in de pan. Voeg een gelijke hoeveelheid suiker toe aan het sap.
e) Voeg citroensap toe aan de pan en breng het mengsel onder voortdurend roeren aan de kook.
f) Kook het mengsel tot het het gelstadium bereikt, ongeveer 10-15 minuten.
g) Haal de pan van het vuur en laat het mengsel iets afkoelen.
h) Roer de wei of de fermentatiestarter erdoor.
i) Giet de gelei in gesteriliseerde potten.
j) Bedek de potten losjes met deksels of een doek.
k) Laat de gelei 1-2 dagen bij kamertemperatuur fermenteren.
l) Eenmaal gefermenteerd, sluit u de potten goed af en bewaart u ze in de koelkast. Lekker op toast of met yoghurt.

FRUITCULTUUR & AZIJNEN

46. Gekweekte Pittige Perzikchutney

INGREDIËNTEN:
- ½ kleine ui, gehakt (ongeveer ⅓ kopje gehakt) en gebakken
- 2 middelgrote perziken, ontpit en grof gesneden
- ½ theelepel ongeraffineerd zeezout
- Snufje zwarte peper
- ⅛ theelepel kruidnagel
- ¼ theelepel kurkumapoeder
- ½ theelepel gemalen koriander
- ½ theelepel kaneel
- 1 cayennepeper, gedroogd en geplet
- 3 eetlepels wei, 2 probiotische capsules of ½ theelepel probiotisch poeder

INSTRUCTIES:
d) Combineer alle ingrediënten in een kom; Als u probiotische capsules gebruikt, giet u de inhoud in het fruitmengsel en gooit u de lege capsulehulzen weg.
e) Meng tot het goed gemengd is. Giet het mengsel in een stenen pot van een halve liter met deksel, dek af en laat ongeveer twaalf uur op kamertemperatuur staan.
f) Zet het in de koelkast, waar het ongeveer vier dagen bewaard moet blijven.

47.Zoete Vanille Perziken

INGREDIËNTEN:
- 5 middelgrote perziken, ontpit en grof gesneden (ongeveer 5 kopjes gehakt)
- ½ theelepel vanillepoeder
- ½ theelepel kardemompoeder (optioneel)
- 1 eetlepel pure ahornsiroop
- 2 eetlepels wei

INSTRUCTIES:
a) Meng alle ingrediënten in een grote kom en meng goed. Schep het mengsel in een stenen pot van 1 liter, dek af en laat twaalf uur staan.
b) In de koelkast bewaren, waar het vier dagen bewaard moet blijven.

48.Crabapple-azijn

INGREDIËNTEN:
- ½ kopje kokossuiker
- 1 liter (of liter) gefilterd water
- Ongeveer 2 pond crabapples

INSTRUCTIES:
a) Meng de suiker en het water in een kruik of grote maatbeker en roer indien nodig om de suiker te laten oplossen.
b) Plaats de crabapples in een grondig gereinigde pot van 1 liter met een brede opening, waarbij ongeveer 2,5 cm aan de bovenkant van de pot overblijft. Giet de suikerwateroplossing over de crabapples, maar laat ongeveer ¾ inch aan de bovenkant van de pot over. De crabapples zullen naar boven drijven, en sommige zullen niet onder water komen te staan, maar dat is oké.
c) Bedek de opening met een paar lagen schone kaasdoek en bevestig een elastische band rond de opening van de pot of pot om de kaasdoek op zijn plaats te houden.
d) Verwijder elke dag de kaasdoek en roer om de crabapples te bedekken met de suikerwateroplossing, en dek de kaasdoek opnieuw af als je klaar bent. Dit moet elke dag worden gedaan om ervoor te zorgen dat de appels tijdens het fermentatieproces niet beschimmelen.
e) Na twee weken zeef je de crabapples en bewaar je de vloeistof; je kunt de crabapples aan je compost toevoegen. Giet de vloeistof in een fles en sluit af met een goed sluitend deksel of kurk. De azijn is ongeveer een jaar houdbaar.

49. Appelazijn

INGREDIËNTEN:
½ kopje kokossuiker
1 liter gefilterd water
Inclusief 4 appels, klokhuizen en schillen

INSTRUCTIES:

a) Meng de suiker en het water in een kruik of grote maatbeker en roer indien nodig om de suiker te laten oplossen.

b) Snijd de appels in vieren en snijd vervolgens elk stuk doormidden. Plaats de appelstukjes, klokhuizen en schillen inbegrepen, in een pot of pot van 1 tot 2 liter, en laat ongeveer 1 tot 2 inch aan de bovenkant van de pot over.

c) Giet de suikerwateroplossing over de appels, maar laat ongeveer ¾ inch aan de bovenkant van de pot vrij. De appels zullen naar boven drijven en sommige zullen niet onder water komen te staan, maar dat is oké.

d) Bedek de opening met een paar lagen schone kaasdoek en bevestig een elastische band rond de opening van de pot of pot om de kaasdoek op zijn plaats te houden.

e) Verwijder elke dag de kaasdoek en roer om de appels te bedekken met de suikerwateroplossing, en dek de kaasdoek opnieuw af als je klaar bent. Je moet dit elke dag doen om ervoor te zorgen dat de appels tijdens het fermentatieproces niet beschimmelen.

f) Giet na twee weken de appels af en bewaar het vocht; Je kunt de appels aan je compost toevoegen. Giet de vloeistof in een fles en sluit af met een goed sluitend deksel of kurk. De azijn is ongeveer een jaar houdbaar.

g) Duw ze door een elektrische sapcentrifuge om appelsap te maken. Als je geen sapcentrifuge hebt, snijd de appels dan in vieren en pureer ze in een keukenmachine. Duw vervolgens het appelpulp door een met mousseline beklede zeef of mousselinezak om de vezels uit het sap te verwijderen.

h) Giet het sap in schone, donkere glazen kannen of flessen zonder deksel. Bedek de bovenkanten met een paar lagen kaasdoek en houd ze op hun plaats met een elastische band.

i) Bewaar de flessen of potten op een koele, donkere plaats gedurende drie weken tot zes maanden.

50. Ananas Azijn

INGREDIËNTEN:
- ½ kopje kokossuiker
- 1 liter gefilterd water
- 1 middelgrote ananas

INSTRUCTIES:
a) Meng de suiker en het water in een kruik of grote maatbeker en roer indien nodig om de suiker te laten oplossen.
b) Verwijder het vel en de kern van de ananas. Zet het vruchtvlees opzij voor ander gebruik. Snijd de schil en de kern grof. Plaats de ananasresten in een pot of pot van 1 tot 2 liter, en laat ongeveer 1 tot 2 inch aan de bovenkant van de pot over.
c) Giet de suikerwateroplossing over de ananasschillen en kern, maar laat ongeveer ¾ inch aan de bovenkant van de pot vrij. De stukken zullen naar boven drijven, en sommige zullen niet onder water komen te staan, maar dat is oké.
d) Bedek de opening met een paar lagen schone kaasdoek en bevestig een elastische band rond de opening van de pot of pot om de kaasdoek op zijn plaats te houden.
e) Verwijder elke dag de kaasdoek en roer om de ananasstukjes te bedekken met de suikerwateroplossing. Je moet dit elke dag doen om ervoor te zorgen dat de ananasstukjes niet beschimmelen tijdens het fermentatieproces.
f) Na twee weken zeef je de ananasstukjes en bewaar je het vocht; Je kunt de ananas aan je compost toevoegen. Giet de vloeistof in een fles en sluit af met een goed sluitend deksel of kurk. De azijn is ongeveer een jaar houdbaar.

GISTENDE FRUIT AUGURKEN

51.Gekruide vijgenaugurk

INGREDIËNTEN:
- 2 kopjes verse vijgen, gehalveerd
- ½ kopje balsamicoazijn
- ¼ kopje honing
- 1 theelepel mosterdzaad
- ½ theelepel zwarte peper
- ½ theelepel kaneel
- Snufje zout

INSTRUCTIES:
a) Meng balsamicoazijn, honing, mosterdzaad, zwarte peper, kaneel en een snufje zout in een pan. Laat sudderen tot het mengsel iets dikker wordt.
b) Voeg gehalveerde vijgen toe aan de pan en kook tot de vijgen zacht zijn.
c) Laat de gekruide vijgenaugurk afkoelen voordat u deze in schone potten doet. Afdichten en in de koelkast bewaren.
d) Deze augurk is een heerlijke toevoeging aan salades of kan geserveerd worden naast geroosterd vlees.

52. Pruimen- en gemberaugurk

INGREDIËNTEN:
- 2 kopjes pruimen, ontpit en gehalveerd
- ½ kopje appelazijn
- ¼ kopje bruine suiker
- 1 eetlepel verse gember, geraspt
- 1 theelepel mosterdzaad
- ½ theelepel korianderzaad
- Snufje zout

INSTRUCTIES:
a) Meng in een pan appelciderazijn, bruine suiker, geraspte gember, mosterdzaad, korianderzaad en een snufje zout. Laat sudderen tot de suiker oplost.
b) Voeg de gehalveerde pruimen toe aan de pan en kook tot de pruimen gaar zijn.
c) Laat de pruimen- en gemberaugurk afkoelen voordat u deze in schone potten doet. Afdichten en in de koelkast bewaren.
d) Deze augurk is een heerlijke smaakmaker voor gegrild vlees of kan worden genoten met kaas en crackers.

53. Kersen-amandel augurk

INGREDIËNTEN:
- 2 kopjes verse kersen, ontpit en gehalveerd
- ½ kopje rode wijnazijn
- ¼ kopje amandelschijfjes
- 2 eetlepels suiker
- ½ theelepel vanille-extract
- Snufje zout

INSTRUCTIES:
a) Meng in een pan rode wijnazijn, amandelschijfjes, suiker, vanille-extract en een snufje zout. Verwarm tot de suiker oplost.
b) Voeg ontpitte en gehalveerde verse kersen toe aan de pan en kook tot de kersen zacht zijn.
c) Laat de kersen-amandel-augurk afkoelen voordat u deze in schone potten doet. Afdichten en in de koelkast bewaren.
d) Deze augurk is een unieke toevoeging aan salades of kan geserveerd worden bij desserts zoals vanille-ijs.

54.Perzik, peer en kers Augurken

INGREDIËNTEN:
- 3 pond perziken
- 3 pond peren , geschild , gehalveerd , kern d en in blokjes gesneden
- 1 ½ pond onderrijpe pitloze groene druif
- Pot van 10 ounce marasquinkersen
- 3 kopjes suiker
- 4 kopjes water

INSTRUCTIES:
a) Dompel de druiven onder in een ascorbinezuuroplossing .
b) Perziken dippen in kokend water gedurende 1 minuut om de velletjes los te maken.
c) Pel de huiden af. Gehalveerd, kubus, en in oplossing houden met druiven.
d) Peren toevoegen .
e) Gemengd fruit laten uitlekken.
f) Kook suiker en water in een pan . Voeg ½ kopje hete siroop toe aan elke hete pot
g) Voeg vervolgens een paar kersen toe en vul de pot voorzichtig met gemengd fruit en nog meer hete siroop.
h) Laat een halve centimeter ruimte vrij .
i) Laat luchtbellen los.
j) Sluit de potten goed af en verwarm ze vervolgens 5 minuten in een waterbad.

55.Zoet en pittig Abrikozen augurken

INGREDIËNTEN:
- 350 g gedroogde abrikozen
- 1 theelepel kruidnagel
- 2 laurierblaadjes
- 1 gedroogde chili
- 1 klein kaneelstokje
- 250 ml sherryazijn
- 2-3 eetlepels heldere, vloeibare honing

INSTRUCTIES:
a) Steriliseer een grote pot met brede opening door hem in heet zeepsop te wassen, goed af te spoelen en 20 minuten in een gematigde oven te laten drogen, of door hem door de hete wasbeurt in een vaatwasser te laten lopen, indien beschikbaar. Vergeet niet hetzelfde te doen voor het deksel als het apart is.
b) Doe de abrikozen in de pot en voeg het kaneelstokje, de kruidnagel, de laurierblaadjes en de gedroogde chilipeper toe.
c) Verhit de azijn samen met de honing tot het kookt, maar laat het niet aan de kook komen; er verschijnen alleen een paar belletjes langs de randen van de pan. Laat het 10 minuten sudderen en haal het dan van het vuur.
d) Giet het azijn-honingmengsel over het fruit in de pot en zorg ervoor dat alle abrikozen volledig bedekt zijn. Voeg indien nodig meer azijn toe door het erover te gieten.
e) Sluit de pot af met het deksel en zet hem 2 weken op een koele, donkere plaats, zodat de smaken zich kunnen ontwikkelen.
f) De ingelegde abrikozen zijn ongeopend 6 maanden houdbaar. Eenmaal geopend, bewaar ze in de koelkast en gebruik ze binnen een maand.

56. Avocado-augurken

INGREDIËNTEN:
- 1 kopje gedistilleerde witte azijn
- 1 kopje water
- ⅓ kopje suiker
- 1 eetlepel koosjer zout
- 1 theelepel gemalen rode pepervlokken of rode peper
- 1 teentje knoflook, in dunne plakjes gesneden
- 5 takjes koriander
- 2 onderrijpe avocado's, geschild en in dunne plakjes gesneden

INSTRUCTIES:
a) Meng azijn, water, suiker en zout in een kleine pan op middelhoog vuur. Breng aan de kook en roer regelmatig. Zodra de suiker en het zout zijn opgelost, zet je het opzij om af te koelen.
b) Doe de rode pepervlokken, knoflook, koriander en avocadoplakken in een stenen pot. Giet het afgekoelde beitsmengsel in de pot en sluit goed af met een deksel.
c) Zet minimaal 3 uur in de koelkast voordat u het serveert.

57.Ingelegde zure kersen

INGREDIËNTEN:
- 4 kopjes ontpitte zure kersen
- ¾ kopje witte azijn
- ½ kopje suiker
- ¼ kopje water
- 1 eetlepel koosjer zout
- 6-7 kardemompeulen, licht geplet

INSTRUCTIES:
a) Doe de ontpitte kersen in schone potten.
b) Meng in een kleine pot azijn, suiker, water, zout en gemalen kardemompeulen. Breng aan de kook en verwarm tot de suiker volledig is opgelost. Giet de pekel over de kersen.
c) Laat het mengsel volledig afkoelen, dek de potten goed af en zet in de koelkast.
d) Klaar om te serveren na 24 uur in de koelkast, de smaak wordt dieper naarmate ze langer staan.

58. Cranberry-oranje augurk

INGREDIËNTEN:
- 2 kopjes verse veenbessen
- 1 kopje sinaasappelschil, in dunne plakjes gesneden
- 1 kopje suiker
- 1 kopje witte azijn
- 1 theelepel kaneel
- ½ theelepel kruidnagel
- Snufje zout

INSTRUCTIES:
a) Meng in een pan suiker, witte azijn, kaneel, kruidnagel en een snufje zout. Breng aan de kook tot de suiker is opgelost.

b) Voeg verse veenbessen en in dunne plakjes gesneden sinaasappelschil toe aan de pan. Kook tot de veenbessen barsten en het mengsel dikker wordt.

c) Laat de cranberry-oranje augurk afkoelen voordat u deze in schone potten doet. Afdichten en in de koelkast bewaren.

d) Deze augurk is een feestelijke toevoeging aan vakantiemaaltijden en past goed bij gevogeltegerechten.

59. Gekruide sinaasappelaugurk

INGREDIËNTEN:
- 1,4 kg (ongeveer 4 grote) sinaasappelen
- 1 theelepel zout
- 400 g kristalsuiker
- 2½ eetlepel gouden siroop
- 185 ml witte wijnazijn
- 125 ml vers sinaasappelsap
- 6 plakjes verse gember
- 1 theelepel zwarte peperkorrels, gemalen
- 1 kaneelstokje
- 1 theelepel hele kruidnagels

INSTRUCTIES:
a) Doe de sinaasappels en het zout in een grote pan en bedek ze met koud water.
b) Plaats een bord over de sinaasappels om ze onder water te houden.
c) Breng aan de kook op middelhoog vuur. Kook gedurende 40 minuten of tot de sinaasappels zacht zijn. Droogleggen. Zet opzij om af te koelen. Snijd de sinaasappels doormidden en vervolgens in dunne plakjes overdwars.
d) Roer de suiker, suikersiroop, azijn, sinaasappelsap, gember, peperkorrels, kaneelstokje en kruidnagel in een grote pan op middelhoog vuur tot de suiker is opgelost.
e) Voeg de sinaasappel toe. Breng aan de kook. Zet het vuur laag. Kook gedurende 20 minuten.
f) Breng over naar gesteriliseerde potten en sluit af. Bewaar het op een koele, donkere plaats of in de koelkast gedurende minimaal 3 weken voordat u het opent, zodat de smaken zich kunnen ontwikkelen.

60.Citroen-basilicum augurk

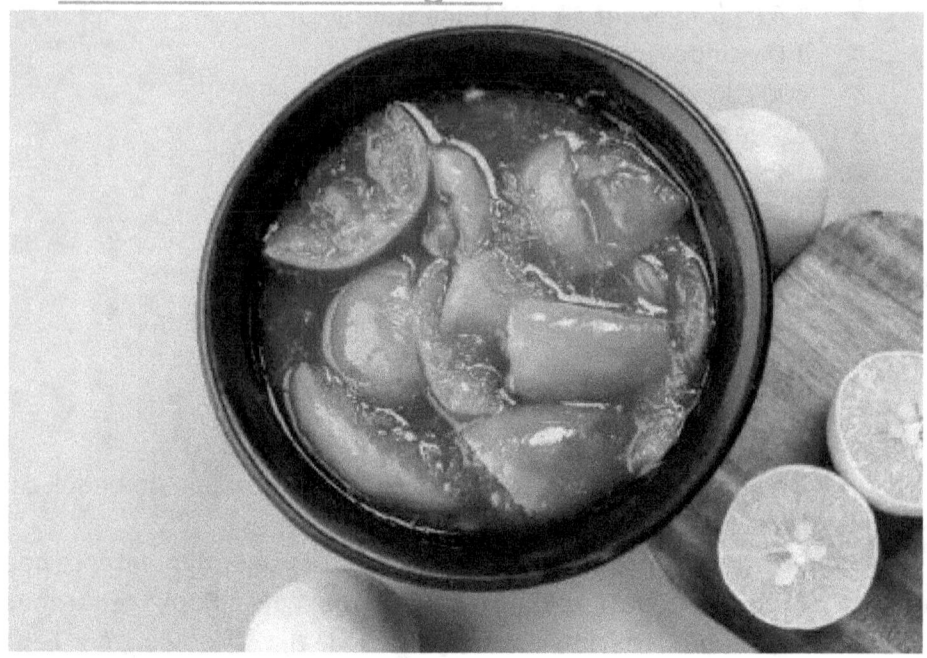

INGREDIËNTEN:
- 2 kopjes citroen, in dunne plakjes gesneden
- ½ kopje verse basilicumblaadjes, gehakt
- ¼ kopje witte wijnazijn
- 2 eetlepels suiker
- 1 theelepel zwarte peperkorrels
- Snufje zout

INSTRUCTIES:
a) Meng in een kom dun gesneden citroenen, gehakte verse basilicum, witte wijnazijn, suiker, zwarte peperkorrels en een snufje zout.
b) Meng de ingrediënten totdat de schijfjes citroen goed bedekt zijn met het azijnmengsel.
c) Laat de citroenbasilicum-augurk minimaal een uur marineren voordat u deze in schone potten doet. Afdichten en in de koelkast bewaren.
d) Deze augurk voegt een vleugje citrus- en kruidensmaak toe aan salades of kan worden gebruikt als garnering voor visgerechten.

61. Citrus Gember Augurk

INGREDIËNTEN:
- 1 kopje sinaasappelpartjes, geschild
- 1 kopje grapefruitsegmenten, geschild
- 1 eetlepel verse gember, fijn geraspt
- ¼ kopje witte wijnazijn
- ¼ kopje suiker
- ½ theelepel kardemom
- Snufje zout

INSTRUCTIES:
a) Meng in een kom de sinaasappelpartjes, grapefruitpartjes en fijn geraspte gember.
b) Verhit in een pan witte wijnazijn, suiker, kardemom en een snufje zout. Roer tot de suiker oplost.
c) Giet het hete azijnmengsel over het citrus- en gembermengsel. Goed mengen.
d) Laat de citrus-gember-augurk afkoelen voordat je hem in schone potten doet. Afdichten en in de koelkast bewaren.
e) Deze augurk is een verfrissende toevoeging aan salades of kan geserveerd worden bij gegrilde kip of vis.

62. Honing-Limoen Mango Augurk

INGREDIËNTEN:
- 2 kopjes rijpe mango, in blokjes gesneden
- ¼ kopje limoensap
- 2 eetlepels honing
- 1 theelepel chilipoeder
- ½ theelepel komijn
- Snufje zout

INSTRUCTIES:
a) Meng in een kom de in blokjes gesneden rijpe mango, limoensap, honing, chilipoeder, komijn en een snufje zout.
b) Meng de ingrediënten totdat de mango goed bedekt is met het honing-limoenmengsel.
c) Laat de honing-limoen-mango-augurk minimaal een uur marineren voordat je hem in schone potten doet. Afdichten en in de koelkast bewaren.
d) Deze zoete en pittige augurk is een heerlijke begeleider van gegrild vlees, maar kan ook zo gegeten worden.

63. Yuzu Ingelegde Daikon

INGREDIËNTEN:
- 30 ml yuzu-sap
- 30 ml sojasaus
- 6 ml mirin
- ¼ daikon (Japanse radijs)
- ¼ theelepel zout
- ½ theelepel suiker
- ¼ theelepel sesamolie
- Gemalen rode pepervlokken (optioneel topping)

INSTRUCTIES:
a) Meng yuzu-sap, sojasaus en mirin in een kom. Als u vervangend citroensap gebruikt, zorg er dan voor dat de totale hoeveelheid 30 ml blijft.
b) Schil de daikon en snijd hem in plakjes van een kwartmaan van ongeveer ¼ inch dik.
c) Meng in een aparte kom het zout met de plakjes daikon. Goed omscheppen en 10 minuten laten staan.
d) Knijp na 10 minuten het water uit de gezouten daikon.
e) Meng in een mengkom de uitgeperste daikon met de bereide saus uit stap 1, suiker, sesamolie en eventueel een scheutje gemalen rode pepervlokken.
f) Laat het mengsel 30 minuten staan, zodat de smaken zich kunnen vermengen.
g) Serveer de ingelegde yuzu-daikon na het marineren als een smaakvol en verfrissend bijgerecht.

64. Grapefruit-augurk

INGREDIËNTEN:
- 1 gehakte pompelmoes
- 1 eetlepel zout
- ½ theelepel kurkumapoeder
- Sap van 1 grote citroen
- 2 theelepels rode chilipoeder

TEMPEREN:
- 8 theelepels sesamolie
- 1 theelepel mosterd
- ½ theelepel asafoetida
- 2 gesneden teentjes knoflook

INSTRUCTIES:
a) Meng in een pot zout, limoensap, gehakte grapefruit, kurkumapoeder en rode chilipoeder. Laat het de hele dag marineren.
b) Verhit de volgende dag sesamolie in een pan, voeg mosterd, asafoetida en gesneden knoflook toe om te temperen. Laat het afkoelen.
c) Meng de getemperde ingrediënten grondig met het grapefruitmengsel.
d) Bewaar de augurk in de koelkast.
e) Deze grapefruit-augurk past uitstekend bij kwarkrijst.

65. Ingelegde mandarijnen

INGREDIËNTEN:
- ½ kopje water
- 10 mandarijnen
- ½ kopje suiker
- ½ theelepel zout
- Een scheutje azijn

INSTRUCTIES:
a) Was de mandarijnen grondig en blancheer ze lichtjes in kokend water met een scheutje azijn.
b) Laat de geblancheerde mandarijnen volledig uitlekken en snijd ze in dunne plakjes.
c) Meng de suiker en het water in een pan en kook het mengsel tot de suiker is opgelost.
d) Voeg de gesneden mandarijnen toe aan de pan en kook ongeveer 5 minuten. Voeg vervolgens zout toe en kook opnieuw.
e) Laat het mengsel volledig afkoelen en bewaar het samen met de vloeistof in een luchtdichte verpakking.
f) Geniet het hele jaar door van je zelfgemaakte ingelegde mandarijnen! Ze kunnen op zichzelf worden genuttigd of worden gebruikt als heerlijke toevoeging aan mandarijnthee, of als veelzijdige saus of dressing voor diverse gerechten.

66. Ingelegde Kumquats

INGREDIËNTEN:
- 1 pond kumquats
- 1 ½ kopje witte azijn
- ½ kopje kristalsuiker
- 1 theelepel beitszout
- 6 peperkorrels
- 6 hele kruidnagels
- 2 kardemompeulen
- 1 steranijs
- 1 dun plakje verse gember

INSTRUCTIES:
a) Was de kumquats en inspecteer op eventuele zachte plekken. Snijd het uiteinde van de stengel af en halveer ze, verwijder eventuele zichtbare zaadjes.
b) Doe de gehalveerde kumquats in een kleine pan en bedek ze met koud water. Breng aan de kook en zet dan het vuur uit. Laat de kumquats 5 minuten staan en laat ze uitlekken.
c) Meng azijn, suiker en zout in dezelfde pan.
d) Bundel de kruiden in kaasdoek of gebruik een thee-ei en voeg ze toe aan de pot met de azijn en suiker. Breng het mengsel aan de kook.
e) Voeg zodra het kookt de zachte kumquats toe en laat 1 tot 2 minuten sudderen.
f) Haal de pan van het vuur en gebruik een trechter om de kumquats en de vloeistof in voorbereide potten te doen.
g) Voor houdbare potten: veeg de randen af, breng deksels en ringen aan en verwerk ze in een kokend waterfles gedurende 10 minuten.
h) Als je het als augurk in de koelkast maakt, laat de potten dan goed afkoelen en bewaar ze vervolgens in de koelkast. Laat de augurken 24 uur rusten voordat u ze eet.
i) Pickles in de koelkast zijn 4 tot 6 weken houdbaar, terwijl ongeopende verwerkte augurken maximaal een jaar op de plank kunnen worden bewaard. Geniet van je zelfgemaakte ingelegde kumquats!

67. Citroen augurk

INGREDIËNTEN:
- 5 kleine Citroenen (oranjeformaat)
- ¼ kopje kristalzout of zeezout
- 13-15 droge rode pepers
- ½ theelepel Fenegriekzaden
- ⅛ theelepel Asafoetida
- 100 ml Gingelli-olie
- 1 eetlepel Mosterdzaad

INSTRUCTIES:
a) Was en droog de Citron grondig, zorg ervoor dat er geen water in de huid zit.
b) Snijd de Citroen in partjes en verwijder tijdens het proces alle zaden.
c) Gebruik een kom met een goed sluitend deksel, bij voorkeur keramiek of porselein. Voeg de citroenpartjes toe aan de kom.
d) Meng het zee-/steen-/kristalzout erdoor en zorg ervoor dat alle ingrediënten goed gemengd zijn.
e) Dek de kom af en zet deze 3-4 dagen ongestoord opzij. Meng de inhoud tweemaal daags met de juiste tussenpozen goed door elkaar, zodat het zout zich goed kan vermengen met de citroen.
f) Na 3-4 dagen worden de citroenpartjes zacht en komt er sap vrij. Als het op de 4e dag nog niet zacht is, verleng dan de weektijd met nog een dag.
g) Droog geroosterde fenegriekzaden en droge rode pepers, zorg ervoor dat de fenegriek niet verbrandt. Voeg tegen het einde asafoetida toe en laat afkoelen tot kamertemperatuur.
h) Eenmaal afgekoeld, maalt u de geroosterde kruiden tot een poeder en voegt u dit toe aan de Citron.
i) Verhit gemberolie in een pan. Voeg als het warm is het mosterdzaad toe en laat het sputteren. Zet het vuur uit en laat de olie afkoelen tot kamertemperatuur.
j) Eenmaal afgekoeld giet je deze gekruide olie over het citroenmengsel. Goed mengen.
k) De augurk is nu klaar. Bewaar het in een gesteriliseerde fles.
l) Terwijl de augurk zit, zal het sap geleidelijk uit de citroen sijpelen. Na verloop van tijd zal de augurk zacht en smaakvol worden. Het eindresultaat zal meer vruchtvlees en sap bevatten, zoals te zien is op de bijgevoegde afbeeldingen.
m) Geniet van je zelfgemaakte Citroen-augurk!

68.Meloen Pickles

INGREDIËNTEN:
- 5 pond meloenblokjes van 1 inch
- 1 theelepel gemalen rode pepervlokken
- 2 kaneelstokjes
- 2 theelepels gemalen kruidnagel
- 1 theelepel gemalen gember
- 4 ½ kopjes cider 5% azijn
- 2 kopjes water
- 1 ½ kopje witte suiker
- 1 ½ kopje bruine suiker

INSTRUCTIES:
a) Doe de meloen, pepervlokken, kaneelstokjes, kruidnagel en gember in een kruidenzakje.
b) Combineer azijn en water in een soeppan. Aan de kook brengen.
c) Voeg het kruidenzakje toe en laat 5 minuten trekken, waarbij u sporadisch beweegt.
d) Giet de stukjes meloen in de kom.
e) Zet een nacht in de koelkast.
f) Doe de volgende dag onze azijnoplossing in een pan; breng aan de kook.
g) Voeg suiker en meloen toe en breng opnieuw aan de kook.
h) Laat sudderen, ongeveer 1 tot ¼ uur. Opzij zetten.
i) Breng de resterende vloeistof nog eens 5 minuten aan de kook.
j) Voeg de meloen toe en breng opnieuw aan de kook.
k) Schep de stukjes in hete pintpotten en laat 2,5 cm ruimte vrij.
l) Bestrijk met kokende siroop en laat een halve centimeter ruimte over.
m) Laat luchtbellen los.
n) Sluit de potten goed af en verwarm ze vervolgens 5 minuten in een waterbad.

69. Ingemaakte watermeloenschil

INGREDIËNTEN:
- 1 kopje witte azijn
- ½ kopje rijstazijn
- 1 ½ kopje water
- ½ kopje suiker
- Stukje gember van 7,5 cm, gebroken
- 2 kaneelstokjes, gebroken
- 1 eetlepel beitszout
- 1 theelepel zwarte peperkorrels
- 1 theelepel kruidnagel
- 3 kopjes watermeloenschillen, groene schil verwijderd en in stukjes van 2 inch gesneden
- 1 jalapeñopeper, in plakjes gesneden (optioneel)

INSTRUCTIES:
a) Los in een grote pan op middelhoog vuur de suiker op in witte azijn, rijstazijn en water. Roer de gember, kaneel, zout, peperkorrels en kruidnagel erdoor en breng het mengsel aan de kook.

b) Voeg de schil van de watermeloen toe en laat 5 minuten sudderen, of tot ze zacht zijn. Haal van het vuur en laat het 30 minuten afkoelen.

c) Verdeel bij gebruik de jalapeñoplakken over 2 (16-ounce) glazen potten met deksel.

d) Nadat het mengsel 30 minuten is afgekoeld, verdeel je de watermeloenschillen en het beitsvocht over de potten.

e) Dek af en bewaar maximaal 2 weken in de koelkast. Voor een optimale smaak minimaal 24 uur laten afkoelen voordat u het serveert.

70.Ingemaakte honingdauw met kruiden

INGREDIËNTEN:
- 1 grote, rijpe groene honingdauw (ongeveer 6 pond)
- 1 kopje gedistilleerde witte azijn
- ½ kopje suiker
- 1 tot 2 hete rode chilipepers, zonder zaadjes en fijngehakt
- Aanbevolen toppings: gehakte gezouten pinda's en gescheurde verse koriander, basilicum of muntblaadjes, of een mix

INSTRUCTIES:
a) Snijd de honingdauw doormidden en bewaar de ene helft voor ander gebruik. Verwijder de schil, snijd hem in 3 partjes en snijd hem vervolgens in stukken zodat er driehoeken van een halve centimeter dik ontstaan, wat ongeveer 6 kopjes oplevert.
b) Doe het fruit in een hersluitbare plastic zak.
c) Meng azijn, suiker en gehakte chilipepers in een kleine pan. Breng aan de kook, af en toe roerend, en kook ongeveer 30 seconden.
d) Doe het in een kleine kom, voeg 1 kopje ijs toe en roer. Zodra het mengsel lauw is, giet je het over de meloen, sluit je de zak en druk je de lucht eruit.
e) Leg de zak plat in een ondiepe schaal en laat deze minimaal 4 uur tot een hele nacht in de koelkast staan. Draai de zak na ongeveer 2 uur om.
f) Haal de meloen uit de pekel, schud overtollige vloeistof af en plaats hem op een schaal. Strooi indien gewenst gehakte pinda's en kruiden erover en serveer.

71. Ingelegde Galiameloen

INGREDIËNTEN:
- ½ Galiameloen, schil en zaden verwijderd, in dunne partjes gesneden
- 2 eetlepels witte wijnazijn
- ½ theelepel koosjer zout
- ¼ theelepel versgemalen zwarte peper, plus meer

INSTRUCTIES:
a) Meng in een grote kom witte wijnazijn, koosjer zout, ¼ theelepel peper en 2 eetlepels water.
b) Voeg de gesneden Galia- meloen toe aan het mengsel en roer goed door.
c) Dek de kom af en zet in de koelkast, zodat de meloen minimaal 30 minuten, of maximaal een nacht, kan pekelen.
d) Bestrooi voor het serveren met extra versgemalen zwarte peper naar smaak.

72. Ingemaakte watermeloen en dille

INGREDIËNTEN:
- 1 3-4 pond watermeloen
- ½ bosje dille, steeltjes eraan
- 4-5 teentjes knoflook, gepeld
- 3-4 laurierblaadjes (vers indien beschikbaar)
- 2 kleine Serrano-pepers (of 1 jalapeno), gehalveerd
- 6 kopjes gefilterd water
- ¼ kopje koosjer zout
- ¼ kopje suiker
- 2 eetlepels witte azijn of appelciderazijn
- 1 eetlepel peperkorrels

INSTRUCTIES:

a) Was de watermeloen grondig en snijd hem in de gewenste stukken, ongeveer ¾-1 "dik, in kleine driehoekjes gesneden met de schil er nog aan.

b) Doe de dille, knoflook, een paar laurierblaadjes en de Serrano-chili in een grote glazen pot of keramische pot op de bodem. Leg de gesneden watermeloen erop. Verdeel deze ingrediënten indien nodig over potten en plaats de aromaten op de bodem van elke pot.

c) Meng in een middelgrote pan water, zout, suiker, azijn en peperkorrels. Breng aan de kook en verwarm tot het zout en de suiker net zijn opgelost. Giet de vloeistof over de watermeloen in de pot(ken). Werk af met de resterende laurierblaadjes en eventueel extra dille. Als de watermeloen boven de vloeistof drijft, verzwaar hem dan door een klein bord in de pot te plaatsen met iets zwaars erop.

d) Laat het mengsel volledig afkoelen en zet het vervolgens in de koelkast. De watermeloen is na 24 uur klaar om te serveren, maar wacht voor de beste smaak 3-4 dagen voordat je hem serveert.

73.Kool-Aid Watermeloen Augurken

INGREDIËNTEN:
- 2-½ kopjes watermeloenschil
- 1-½ kopjes Tropical Punch Kool-Aid, bereid volgens de aanwijzingen op de verpakking
- 2 verse gemberschijfjes, ¼ inch dik
- 4 theelepels koosjer zout
- ¼ theelepel rode pepervlokken
- 1 theelepel pimentbessen

INSTRUCTIES:
a) Was en droog de watermeloen grondig.
b) Gebruik een dunschiller om alle buitenste (groene) schil te verwijderen.
c) Snijd de boven- en onderkant van de watermeloen af. Snij de watermeloen in vieren en leg ze met de schil naar beneden.
d) Snijd de schil weg, maar laat ongeveer een halve centimeter van het vruchtvlees eraan zitten.
e) Draai de plakjes korst om, met het vlees naar beneden. Snijd ze in de lengte doormidden en vervolgens in horizontale plakjes van ¼ inch – ½ inch. Snijd ten slotte in stukken van 1 inch.
f) Breng in een middelgrote soeppan alle ingrediënten (behalve de schil van de watermeloen) aan de kook.
g) Giet de hete vloeistof in een aparte container over de schil van de watermeloen en zorg ervoor dat de schil volledig ondergedompeld is.
h) Laat het afkoelen tot kamertemperatuur.
i) Bedek de container en breng deze over naar de koelkast.
j) Maximaal 1 maand houdbaar.

74.Bosbessen Munt Augurk

INGREDIËNTEN:
- 2 kopjes verse bosbessen
- ½ kopje appelazijn
- ¼ kopje honing
- ¼ kopje verse muntblaadjes, gehakt
- ½ theelepel kaneel
- Snufje zout

INSTRUCTIES:
a) Meng in een pan appelciderazijn, honing, gehakte muntblaadjes, kaneel en een snufje zout. Verwarm tot de honing is opgelost.
b) Voeg verse bosbessen toe aan de pan en laat sudderen tot de bessen lichtjes zacht zijn.
c) Laat de bosbessen-munt-augurk afkoelen voordat je hem in schone potten doet. Afdichten en in de koelkast bewaren.
d) Deze augurk is een heerlijke toevoeging aan yoghurt en desserts, of kan worden geserveerd als smaakmaker voor gegrild vlees.

75.Frambozen-balsamico-augurk

INGREDIËNTEN:
- 2 kopjes verse frambozen
- ½ kopje balsamicoazijn
- ¼ kopje honing
- 1 theelepel zwarte peper
- Snufje zout

INSTRUCTIES:
a) Meng balsamicoazijn, honing, zwarte peper en een snufje zout in een pan. Verwarm tot het mengsel iets dikker wordt.
b) Voeg verse frambozen toe aan de pan en kook tot de frambozen uiteenvallen en het mengsel een jamachtige consistentie krijgt.
c) Laat de frambozenbalsamico-augurk afkoelen voordat u deze in schone potten doet. Afdichten en in de koelkast bewaren.
d) Deze zoete en pittige augurk past goed bij kaas of kan worden gebruikt als topping voor desserts.

76. Ingelegde Aardbeien

INGREDIËNTEN:
- 2 ½ kopjes witte gedistilleerde azijn
- 1 ⅓ kopje water
- 2 eetlepels honing
- 2 theelepels koosjer zout
- 1 theelepel zwarte peperkorrels
- 4 (2 inch) citroenschilreepjes
- 3 kopjes ijsblokjes
- 8 kopjes gepelde en gehalveerde aardbeien

INSTRUCTIES:
a) Meng in een middelgrote pan op hoog vuur witte gedistilleerde azijn, water, honing, koosjer zout, zwarte peperkorrels en citroenschilreepjes.
b) Breng het mengsel aan de kook en roer regelmatig totdat de honing is opgelost. Laat het 1 minuut koken.
c) Haal de pan van het vuur en roer de ijsblokjes erdoor. Laat het mengsel 20 minuten afkoelen.
d) Verdeel de verse aardbeien over 2 inmaakpotten (1 liter) of potten van 4 pint.
e) Giet het azijnmengsel op kamertemperatuur gelijkmatig over het fruit.
f) Dek de potten af en zet ze minimaal 4 uur of maximaal 2 dagen in de koelkast.

77. Ingelegde bramen

INGREDIËNTEN:

- 350 g bramen (vers geplukt)
- 160 ml rode wijnazijn
- 160 ml water
- 8 jeneverbessen
- 8 zwarte peperkorrels
- 2 laurierblaadjes
- 2 x ½ cm verse gemberschijfjes
- ½ sinaasappel, de geschilde schil ervan
- 90 g kristalsuiker
- 1 eetlepel Maldonzout

INSTRUCTIES:

a) Meng in een pan alle ingrediënten behalve de bramen. Breng langzaam aan de kook en verwarm tot de suiker en het zout zijn opgelost. Haal van het vuur en laat het volledig afkoelen.
b) Spoel de bramen voorzichtig af en laat ze 15 minuten uitlekken.
c) Doe de bramen in een gesteriliseerde glazen pot en giet de beitsvloeistof erover. Zorg ervoor dat de bramen onder water staan; druk indien nodig aan met een schone lepel.
d) Bewaren bij kamertemperatuur gedurende meerdere dagen. Ze zijn nu klaar voor gebruik.
e) Voor langere opslag: 4-6 weken in de koelkast bewaren.

78.Snelle ingelegde veenbessen

INGREDIËNTEN:
- 1 ½ pond verse veenbessen (twee zakken van 12 ounces)
- ¾ kopje appelazijn
- ¾ kopje suiker
- 1 kaneelstokje
- ½ kopje appelcider
- ¼ kopje vers geperst limoensap
- 1 theelepel gember

INSTRUCTIES:

a) Was en droog potten van twee pint of potten van een kwart voor het bewaren van de ingelegde veenbessen.

b) Combineer de veenbessen, azijn, suiker en kaneelstokje in een grote pan en breng zachtjes aan de kook op middelhoog vuur, al roerend om de suiker op te lossen.

c) Zet het vuur laag en laat de cranberries 2-3 minuten sudderen. (Je wilt dat de bessen zacht worden, maar hun vorm behouden en niet splijten of barsten.)

d) Breng de bessen met een schuimspaan over in de pot of potten en laat de vloeistof achter.

e) Voeg de appelcider, het limoensap en de gember toe aan de vloeistof in de pan en breng aan de kook. Kook gedurende 2-3 minuten tot het iets dikker is. Haal van het vuur.

f) Schep de pekel over de veenbessen in de pot of potten. Laat afkoelen voordat u het afdekt.

g) In de koelkast bewaren. Voor de beste smaak laat je de veenbessen een paar dagen drogen voordat je ze consumeert.

79.Ingelegde dadelpruimen

INGREDIËNTEN:
- 2 stevige, gladde Fuyu -kaki
- 1 kopje appelcider of rijstazijn (of een combinatie van beide)
- 1 inch verse gember, geraspt
- 3 eetlepels suiker
- 1 theelepel koosjer zout
- 2 grote snufjes rode pepervlokken

INSTRUCTIES:

a) Snijd de uiteinden van de dadelpruimen, schil ze en snijd ze in schijven (wat 4 tot 5 schijven per kaki oplevert). Vier elke schijf. Verpak de plakjes in een schone stenen pot van 16 ounce met deksel.

b) Bereid de pekel voor: Breng alle andere ingrediënten in een kleine pan aan de kook. Haal de pan van het vuur.

c) Giet de pekel over de dadelpruimen in de glazen pot, schroef het deksel erop en zet in de koelkast. De ingemaakte dadelpruimen zijn na een dag klaar om te eten, maar hun smaak zal zich gedurende een week of langer blijven ontwikkelen en intensiveren. Genieten!

80.Ingelegde Granaatappel En Komkommer

INGREDIËNTEN:
- ½ kopje appelazijn
- 1 eetlepel agavesiroop
- ¼ theelepel fijn zeezout
- 1 theelepel gemalen hele korianderzaadjes
- 1 takje verse rozemarijn
- ½ kopje dun gesneden rode ui
- ¾ kopje Engelse komkommer, gesneden in stokjes van ¼ bij 1 inch
- ½ kopje gesneden venkel
- 1 kopje POM Granaatappelpitten

INSTRUCTIES:

a) Combineer appelciderazijn, agavesiroop, zout, gemalen korianderzaad en rozemarijn in een mengkom. Roer het mengsel door en plet de rozemarijn lichtjes met een lepel.

b) Voeg de groenten en de POM-granaatappelpitten toe aan de kom en roer om ze te bedekken met het beitsvocht. Laat het mengsel 15 tot 20 minuten staan, af en toe roeren.

c) Het ingelegde mengsel kan maximaal een week in de koelkast worden bewaard. Serveer het met crackers of crostini, samen met kaas.

81. Minty Boozy ingelegde bessen

INGREDIËNTEN:
- 3 kopjes gemengde bessen (aardbeien, bosbessen, frambozen)
- 1 kopje witte wijnazijn
- 1 kopje water
- ½ kopje honing
- ¼ kopje verse muntblaadjes
- 1 theelepel zwarte peperkorrels
- ½ theelepel zout
- ½ kopje 80-100 proof donkere rum, cognac of wodka

INSTRUCTIES:
a) Meng in een pan witte wijnazijn, water, honing, muntblaadjes, peperkorrels en zout.
b) Breng aan de kook, roer tot de honing oplost.
c) Voeg gemengde bessen toe aan het kokende mengsel. Zet het vuur lager en laat 3-5 minuten sudderen tot de bessen lichtjes zacht zijn.
d) Haal de pan van het vuur en laat hem afkoelen tot kamertemperatuur.
e) Eenmaal afgekoeld, roer je naar keuze donkere rum, cognac of wodka erdoor.
f) Breng de ingelegde bessen, muntblaadjes en vloeistof over in gesteriliseerde potten.
g) Sluit de potten af en zet ze minimaal 24 uur in de koelkast voordat je ze serveert.

82.Mango-augurk

INGREDIËNTEN:
- 2 kopjes rauwe mango, geschild en in blokjes gesneden
- ½ kopje mosterdolie
- 1 eetlepel mosterdzaad
- 1 theelepel fenegriekzaden
- 1 theelepel venkelzaad
- 1 theelepel kurkuma
- 1 eetlepel rode chilipoeder
- 1 eetlepel zout
- 1 eetlepel rietsuiker (optioneel, voor zoetheid)

INSTRUCTIES:
a) Verhit mosterdolie tot het rookt en laat het dan iets afkoelen.
b) Droog de mosterdzaadjes, fenegriekzaadjes en venkelzaadjes in een pan tot ze geurig zijn. Maal ze tot een grof poeder.
c) Meng het gemalen kruidenpoeder met kurkuma, rode chilipoeder, zout en rietsuiker.
d) Meng in een kom de in blokjes gesneden rauwe mango met het kruidenmengsel.
e) Giet de licht afgekoelde mosterdolie over het mangomengsel en meng goed.
f) Doe de mango-augurk in schone potten, sluit hem goed af en laat hem een paar dagen rijpen voordat je hem serveert.

83. Mango, ananas en papaja- augurk

INGREDIËNTEN:
- 1 kop mango, in blokjes gesneden
- 1 kop ananas, in blokjes gesneden
- 1 kop papaya, in blokjes gesneden
- ½ kopje limoensap
- ¼ kopje honing
- 1 theelepel chilipoeder
- ½ theelepel komijn
- Snufje zout

INSTRUCTIES:
a) Meng in een kom de in blokjes gesneden mango, ananas en papaja.
b) Klop in een aparte kom limoensap, honing, chilipoeder, komijn en een snufje zout door elkaar.
c) Giet de dressing over de tropische fruitmix en roer tot alles goed bedekt is.
d) Laat de augurk minimaal een uur marineren voordat je hem in schone potten doet. Afdichten en in de koelkast bewaren.
e) Deze tropische fruitaugurk is een verfrissende toevoeging aan zomerse salades of kan geserveerd worden bij gegrilde zeevruchten.

84.Zoete en pittige ananas-augurk

INGREDIËNTEN:
- 2 kopjes ananas, in blokjes gesneden
- ½ kopje witte azijn
- ½ kopje suiker
- 1 theelepel mosterdzaad
- 1 theelepel venkelzaad
- 1 theelepel rode chilivlokken
- ½ theelepel kurkuma
- ½ theelepel zwart zout

INSTRUCTIES:

a) Meng in een pan witte azijn, suiker, mosterdzaad, venkelzaad, rode chilivlokken, kurkuma en zwart zout. Verwarm tot de suiker oplost.

b) Voeg de in blokjes gesneden ananas toe aan de pan en laat sudderen tot de ananas iets zachter wordt.

c) Laat de zoete en pittige ananas-augurk afkoelen voordat je hem in schone potten doet. Afdichten en in de koelkast bewaren.

d) Deze augurk is een heerlijke begeleider van gegrild vlees, maar kan ook zo gegeten worden.

85.Kiwi Jalapeño Augurk

INGREDIËNTEN:
- 2 kopjes kiwi, geschild en in plakjes gesneden
- 1-2 jalapeños, in plakjes gesneden (aanpassen op basis van kruidenvoorkeur)
- ½ kopje rijstazijn
- ¼ kopje honing
- 1 theelepel zwarte sesamzaadjes
- Snufje zout

INSTRUCTIES:
a) Meng in een kom rijstazijn, honing, zwarte sesamzaadjes en een snufje zout. Meng tot alles goed gemengd is.
b) Voeg gesneden kiwi en jalapeños toe aan de kom en zorg ervoor dat ze bedekt zijn met het azijnmengsel.
c) Laat de kiwi-jalapeño-augurk minimaal een uur marineren voordat u deze in schone potten doet. Afdichten en in de koelkast bewaren.
d) Deze augurk geeft een zoete en pittige kick aan salades of als topping voor gegrilde vis.

86.Guave Chili Augurk

INGREDIËNTEN:
- 2 kopjes rijpe guave, in blokjes gesneden
- ¼ kopje limoensap
- 2 eetlepels chilipoeder
- 1 eetlepel honing
- 1 theelepel komijn
- Snufje zout

INSTRUCTIES:
a) Meng in een kom de in blokjes gesneden rijpe guave, limoensap, chilipoeder, honing, komijn en een snufje zout.
b) Meng de ingrediënten totdat de guave goed bedekt is met het chili-limoenmengsel.
c) Laat de guave-chili-augurk minimaal een uur marineren voordat u deze in schone potten doet. Afdichten en in de koelkast bewaren.
d) Deze zoete en pittige augurk is een unieke en tropische toevoeging aan salades, maar kan ook zo genoten worden.

87.Sterfruit Gember Augurk

INGREDIËNTEN:
- 2 kopjes sterfruit (carambola's), in plakjes gesneden
- ¼ kopje rijstazijn
- 2 eetlepels verse gember, geraspt
- 1 eetlepel suiker
- 1 theelepel zwarte sesamzaadjes
- Snufje zout

INSTRUCTIES:

a) Meng in een kom de gesneden sterfruit, rijstazijn, geraspte gember, suiker, zwarte sesamzaadjes en een snufje zout.

b) Meng de ingrediënten totdat de stervrucht goed bedekt is met het azijnmengsel.

c) Laat de sterfruit-gember-augurk minimaal een uur marineren voordat u deze in schone potten doet. Afdichten en in de koelkast bewaren.

88.Ingelegd drakenfruit

INGREDIËNTEN:
- 1 kopje gedistilleerde witte azijn
- ½ kopje water
- 1 eetlepel beitskruid
- 1 eetlepel koosjer zout
- 1 Drakenfruit

INSTRUCTIES:
a) Breng gedistilleerde witte azijn, water, beitskruid en koosjer zout in een pan aan de kook.
b) Snijd het drakenfruit in de lengte doormidden. Schep het gespikkelde fruit eruit, gooi de schil weg en snijd het in plakjes van ¼ inch dik.
c) Doe de plakjes drakenfruit in een hersluitbare glazen pot. Giet het beitsvocht over het fruit en zorg ervoor dat het volledig bedekt is.
d) Sluit de pot af en zet hem een nacht in de koelkast. Serveer het ingelegde drakenfruit koud. Genieten!

89.Jackfruit -Mango- augurk

INGREDIËNTEN:
- 1 kg Jackfruit, in stukjes gesneden
- 2 middelgrote mango's, in kleine stukjes gesneden
- 50 gram rode chilipoeder
- ½ theelepel kurkuma
- 150 gram zout
- 1 eetlepel venkelzaad
- ½ theelepel fenegriek
- 100 gram gele mosterdpoeder
- ½ theelepel asafoetida
- 300 ml mosterdolie
- ⅓ kopje azijn

INSTRUCTIES:
a) Kook de jackfruit 5-7 minuten met zout en een snufje kurkuma. Giet het water af.
b) Doe de gedeeltelijk gekookte jackfruit in een grote mengkom en voeg de gehakte mango's en alle kruiden toe, behalve asafoetida.
c) Meng de ingrediënten grondig.
d) Verhit de olie, voeg asafoetida toe en giet de jackfruit masala in de pan.
e) Voeg de resterende olie en azijn toe.
f) Breng voldoende water aan de kook. Voeg 1 eetlepel zout toe.
g) Kook de jackfruit gedurende 5 tot 7 minuten, zorg ervoor dat deze enigszins stevig blijft en niet volledig gaar is.
h) Giet de gekookte jackfruit af en spreid deze 1 uur uit op een handdoek in de zon of onder een ventilator.
i) Rooster de venkelzaadjes en de fenegriek droog en maal ze vervolgens tot een grof poeder.
j) Voeg het kruidenpoeder samen met de gesneden mango toe aan de jackfruit.
k) Verhit 2 eetlepels olie, voeg de asafoetida toe en giet deze over de jackfruit masala.
l) Voeg de rest van de olie en azijn toe, zodat het een goed mengsel wordt.
m) Dek af en zet opzij. Roer het mengsel een- of tweemaal daags gedurende 3 dagen.
n) Doe de augurk in een schone glazen pot en bewaar deze.

90.Kiwi-augurk

INGREDIËNTEN:
- 4-5 rijpe kiwi's, geschild en in blokjes gesneden
- 1 eetlepel mosterdzaad
- 1 theelepel venkelzaad
- 1 theelepel komijnzaad
- ½ theelepel kurkumapoeder
- ½ theelepel rode chilipoeder (naar smaak aanpassen)
- 1 eetlepel gember, fijngehakt
- 2-3 teentjes knoflook, fijngehakt
- ½ kopje witte azijn
- 2 eetlepels suiker
- Zout naar smaak
- 2 eetlepels plantaardige olie

INSTRUCTIES:
a) Schil de kiwi's en snijd ze in kleine, hapklare stukjes.
b) In een kleine pan droog je het mosterdzaad, venkelzaad en komijnzaad tot ze hun aroma vrijgeven. Maal ze tot een grof poeder.
c) Verhit plantaardige olie in een pan op middelhoog vuur. Voeg gehakte gember en gehakte knoflook toe. Sauteer tot het geurig is.
d) Voeg het gemalen kruidenpoeder, kurkumapoeder en rode chilipoeder toe. Roer goed om te combineren.
e) Voeg de in blokjes gesneden kiwi's toe aan het kruidenmengsel. Roer voorzichtig zodat de kiwi's bedekt zijn met de kruiden.
f) Giet witte azijn erbij en voeg suiker toe. Meng goed en laat het ongeveer 5-7 minuten sudderen tot de kiwi's iets zachter worden.
g) Proef de augurk en pas zout en suiker naar wens aan. Laat nog een paar minuten sudderen tot de smaken zich vermengen.
h) Laat de kiwi-augurk volledig afkoelen voordat je hem in een schone, luchtdichte pot doet. Zet minimaal een paar uur in de koelkast voordat u het consumeert.

91.Gekruide appelringen

INGREDIËNTEN:
- 12 pond stevige zure appels , gewassen, in plakjes gesneden, en kern d
- 12 kopjes suiker
- 6 kopjes water
- ¼ kopje 5% witte azijn
- 8 kaneelstokjes
- 3 eetlepels hele kruidnagels
- 1 theelepel rode voedselkleurstof

INSTRUCTIES:
a) Ik memer appels in een ascorbinezuuroplossing .
b) Combineer suiker, water, azijn, kruidnagel, kaneelsnoepjes, stokjes en kleurstof.
c) Roeren en laat 3 minuten sudderen.
d) Giet de appels af, voeg ze toe aan de hete siroop en kook gedurende 5 minuten.
e) Vul hete potten met appelringen en hete, gearomatiseerde siroop en laat een halve centimeter ruimte vrij .
f) Laat luchtbellen los.
g) Sluit de potten goed af en verwarm ze vervolgens 5 minuten in een waterbad.

92.Gemberpeer-augurk

INGREDIËNTEN:
- 2 kopjes peren, geschild en in plakjes gesneden
- ½ kopje appelazijn
- ½ kopje honing
- 1 eetlepel verse gember, geraspt
- 1 theelepel mosterdzaad
- ½ theelepel kaneel
- ½ theelepel kruidnagel
- Snufje zout

INSTRUCTIES:
a) Meng in een pan appelciderazijn, honing, geraspte gember, mosterdzaad, kaneel, kruidnagel en een snufje zout. Breng aan de kook.
b) Voeg de gesneden peren toe aan de pan en kook tot de peren zacht maar niet papperig zijn.
c) Laat de augurk met gemberpeer afkoelen voordat je hem in schone potten doet. Afdichten en in de koelkast bewaren.
d) Deze augurk past goed bij kaas en crackers of als smaakmaker voor varkensvleesgerechten.

93. Appel- en bietenaugurken

INGREDIËNTEN:
- 2 kopjes bieten, geschild en in plakjes gesneden
- 1 kopje rode ui, in dunne plakjes gesneden
- 1 kop appel, in blokjes gesneden
- 1 kop gouden rozijnen
- 1 kopje appelazijn
- 1 kopje water
- 1 kopje bruine suiker
- 1 theelepel kaneel
- 1 theelepel kruidnagel
- 1 theelepel piment

INSTRUCTIES:
a) Meng in een pan appelciderazijn, water, bruine suiker, kaneel, kruidnagel en piment. Breng aan de kook, roer tot de suiker is opgelost.
b) Voeg bieten, rode ui, appel en gouden rozijnen toe aan het kokende mengsel. Kook tot de bieten gaar zijn.
c) Laat het mengsel afkoelen voordat je het in schone potten doet. Afdichten en in de koelkast bewaren.
d) Deze zoete en pittige bietenaugurken zijn een heerlijke toevoeging aan salades of als uniek bijgerecht.

94. Vanille Bourbon Peren Augurken

INGREDIËNTEN:
- 8-10 stevige maar rijpe Bosc-peren
- 2 kopjes bruine suiker
- 1 eetlepel vanille-extract of ½ vanillestokje
- 2-3 eetlepels Bourbon (per pot)
- 1-2 eetlepels Citroensap
- 6-8 kopjes water

INSTRUCTIES:
a) Begin met het voorbereiden van je inmaakpot met een rek op het fornuis, gevuld met 4 potten van 1 liter en water. Breng het aan de kook om de potten gedurende 25 minuten te steriliseren. Voeg in de laatste 10-15 minuten de deksels, inmaaktangen en ander keukengerei toe dat u van plan bent te gebruiken.

b) Terwijl de pot kookt, schilt u de peren en snijdt u ze in helften of kwarten. Kwartjes hebben de voorkeur omdat ze gemakkelijker in potten kunnen worden verpakt. Doe ze in een kom en besprenkel ze met citroensap om bruin worden te voorkomen.

c) Maak de suikersiroop door 2 kopjes suiker toe te voegen aan 6 kopjes water. Breng het aan de kook, laat het een paar minuten sudderen en haal het dan van het vuur. Voeg een paar eetlepels citroensap en vanille-extract toe.

d) Zodra de potten zijn gesteriliseerd, plaatst u ze voorzichtig op een schone handdoek.

e) Voeg de peren toe aan elke pot en voeg een borrelglas bourbon of ongeveer 3 eetlepels toe. Vul de pot voorzichtig met de hete suikersiroop, laat bovenaan een halve centimeter ruimte vrij en zorg ervoor dat de peren volledig bedekt zijn om bruin worden te voorkomen.

f) Zet de deksels en ringen stevig maar niet te strak vast. Plaats de potten terug in de kokende inmaakpot en laat ze niet langer dan 30 minuten verwerken, waarbij u ervoor zorgt dat de potten onder de deksels minstens 2,5 cm water staan.

g) Gebruik na 30 minuten een inmaaktang om de potten uit het water te halen en plaats ze op een handdoek om volledig af te koelen. Zorg ervoor dat ze zich in een tochtvrije ruimte bevinden en vermijd hantering en stoten. Mogelijk hoort u een zwakke 'ping', wat aangeeft dat de potten goed afsluiten.

h) Eenmaal afgekoeld, druk je voorzichtig op de bovenkant van de potten. Als ze niet terugveren, betekent dit dat ze perfect zijn afgedicht. Als het niet is afgesloten, bewaar het dan in de koelkast; het fruit is een paar weken houdbaar.

i) Draai de ringen iets los om lucht binnen te laten en roesten te voorkomen. Je potten blijven nog steeds gesloten, zolang je er voorzichtig mee omgaat. Eenmaal droog, schroeft u de ringen weer vast en bewaart u ze minimaal 1 maand voordat u ze opent.

95.Rozemarijn ingelegde peren

INGREDIËNTEN:
- 450 g kristalsuiker
- 400 ml ciderazijn
- 1 theelepel kruidnagel
- 1 theelepel pimentbessen
- 1 klein kaneelstokje, in tweeën gebroken
- 4 gesneden reepjes citroenschil
- 750 g kleine peren, geschild en heel gelaten, met de steeltjes er nog aan
- 2 takjes rozemarijn

INSTRUCTIES:
a) Meng de suiker, azijn, kruiden en citroenschil in een grote pan met een zware bodem. Breng het mengsel langzaam aan de kook.
b) Voeg de peren toe en laat 10 minuten koken. Voeg vervolgens de takjes rozemarijn toe en kook nog eens 5 minuten tot de vruchten zacht zijn. Doe de peren, rozemarijn en kruiden met een schuimspaan in een gesteriliseerde pot (zie tip hieronder). Zet de beitsvloeistof terug op het vuur en laat het 5 minuten onafgedekt borrelen.
c) Giet het beitsvocht over de peren in de pot en sluit de pot vervolgens af. Eenmaal afgekoeld, bewaar je de pot maximaal 2 maanden op een koele, donkere plaats. Indien geopend, in de koelkast bewaren en binnen 2 weken consumeren.

96. Appel Jicama Pickles

INGREDIËNTEN:
BASISPEKEL:
- 1 kopje water
- 1 kopje appelazijn
- 2 eetlepels suiker
- 1 eetlepel koosjer zout

INHOUD VAN DE POTTEN (VERDEELD IN POTTEN VAN 2 PINT):
- 2 middelgrote appels, in plakjes gesneden
- 1 kleine jicama, geschild en in plakjes gesneden
- 1 vanilleboon
- 6 kardemompeulen
- 2 eetlepels zwarte peperkorrels
- 2 theelepels hele piment

INSTRUCTIES:

a) Meng de pekelingrediënten in een pan op middelhoog vuur gedurende ongeveer 5 minuten om de suiker en het zout op te lossen.

b) Verdeel de kardemom, peperkorrels en piment over de bodem van elke pot. Snijd de appels in dunne plakjes en schil en snijd de jicama in stukken van gelijke grootte. Wissel elk stuk af, stapel ze rechtopstaand in de pot en stapel ze vervolgens zijdelings erop om de pot te vullen.

c) Snijd het vanillestokje in de lengte door en schraap de zaadjes uit elke helft. Voeg de zaden en de helft van de peul toe aan elke pot. Gebruik een eetstokje of lepelhandvat om het vanillestokje langs de binnenkant in de pot te geleiden, zodat je het van buitenaf kunt zien.

d) Zodra de pot klaar is, verwarm je de pekel aan de kook. Giet de hete pekel over de inhoud van de pot en vul deze tot net onder de rand (zorg ervoor dat de pekel alle groenten bedekt). Laat het afkoelen tot kamertemperatuur, schroef het deksel erop en zet het maximaal 1 maand in de koelkast.

e) Deze knapperige plakjes appel en jicama, gedrenkt in augurkpekel met echte vanilleboon, kardemompeulen, zwarte peperkorrels en pimentbessen, vormen een heerlijke smaakmaker voor vleeswaren, salades en meer. Genieten!

97.Ingelegde appel met chili

INGREDIËNTEN:
- 3 groene appels (geschild en zonder klokhuis)
- 3 eetlepels limoensap
- 1 chilipeper (gesneden)
- 200 ml water
- 150 ml appelazijn
- 100 g suiker
- ½ theelepel zout
- 2 gedroogde mandarijnenschillen

INSTRUCTIES:
a) Breng in een pan water, appelciderazijn, suiker, zout en gedroogde mandarijnschillen aan de kook. Roer tot de suiker en het zout zijn opgelost, haal dan van het vuur en laat afkoelen tot kamertemperatuur.
b) Snijd de appels in plakjes met een frietsnijder, doe ze in een grote kom, voeg het limoensap en de gesneden chili toe en meng er voorzichtig doorheen.
c) Doe de gesneden appels in een luchtdichte, gesteriliseerde pot en giet de beitsvloeistof in de pot, zorg ervoor dat deze de appels net bedekt.
d) Bewaar in de koelkast gedurende 1 uur en maximaal 2 dagen.
e) Geniet van je ingelegde appels met een vleugje chili! Ze vormen een heerlijke en verfrissende aanvulling op uw maaltijden of als uniek tussendoortje.

98. Appeltaart Augurken

INGREDIËNTEN:
- 24 grote appels (geschild, klokhuis verwijderd en in plakjes gesneden)
- 12 kaneelstokjes
- 4 kopjes appelazijn
- 4 kopjes water
- 2 kopjes suiker
- 6 eetlepels zout
- 3 eetlepels hele kruidnagels
- 1 eetlepel appeltaartkruiden

INSTRUCTIES:
a) Ontpit de appels, snijd ze in plakjes en doe ze in stenen potten, samen met een kaneelstokje in elke pot.
b) Kook in een kleine pan de overige ingrediënten (appelciderazijn, water, suiker, zout, hele kruidnagels en appeltaartkruiden) op middelhoog vuur tot de suiker en het zout zijn opgelost.
c) Haal de pan van het vuur en schep voorzichtig het beitsvocht over de appels, verdeel de kruiden gelijkmatig over de potten en laat een vrije ruimte van ½ inch vrij.
d) Tik elke pot voorzichtig tegen de tafel om eventuele luchtbellen vrij te laten.
e) Breng hete deksels en ringen aan en draai deze met de vingertoppen stevig vast.
f) Geef de potten een waterbad gedurende 10 minuten.
g) Laat de potten 2 weken staan voordat u ze opent.
h) Geniet van het heerlijke aroma en de smaak van deze Apple Pie Pickles, een unieke twist die de goedheid van gekruide appels combineert met de scherpte van augurken.
i) Perfect om een vleugje smaak toe te voegen aan uw maaltijden of als lekker tussendoortje.

99.Winterwhisky Appelaugurken

INGREDIËNTEN:
- 2 middelgrote/grote appels
- 2 potten van standaardformaat
- 1 kopje water
- ½ kopje suiker
- ½ kopje appelazijn
- 1 kopje vuurbalwhisky
- Kaneelstokjes
- Steranijs
- Hele veenbessen
- Verse rozemarijn takjes

INSTRUCTIES:
a) Snijd de appels zo dun en lintvormig mogelijk en verwijder de zaadjes. Voor deze stap kun je een spiralisator of een mes gebruiken.
b) Verdeel de gesneden appels gelijkmatig over de twee potten.
c) Voeg kaneelstokjes, steranijs, hele veenbessen en verse takjes rozemarijn toe aan de potten en stop ze in de appels voor een visueel aantrekkelijke presentatie.
d) Meng in een grote kom suiker, water, appelciderazijn en vuurbalwhisky. Roer goed om te combineren.
e) Giet de vloeistof gelijkmatig tussen de twee potten en zorg ervoor dat de appels en aromaten goed bedekt zijn.
f) Sluit de potten goed af met het deksel en zet ze minimaal 1 uur in de koelkast. De augurken zullen na verloop van tijd smaakvoller worden, maar de appels moeten een mooie knapperige knapperigheid behouden.

100.Balsamico Kaneel-Peer Pickles

INGREDIËNTEN:
- 4 grote peren, geschild, klokhuis verwijderd en in plakjes gesneden
- 1 kopje balsamicoazijn
- ½ kopje water
- ½ kopje honing
- 2 kaneelstokjes
- 1 theelepel hele zwarte peperkorrels
- ½ theelepel zout

INSTRUCTIES:
a) Meng balsamicoazijn, water, honing, kaneelstokjes, peperkorrels en zout in een pan. Breng aan de kook, roer tot de honing oplost.
b) Voeg perenschijfjes toe aan het kokende mengsel. Zet het vuur lager en laat 8-10 minuten sudderen tot de peren gaar zijn.
c) Haal de pan van het vuur en laat hem afkoelen tot kamertemperatuur.
d) Gooi de kaneelstokjes weg en doe de ingelegde peren en de vloeistof in gesteriliseerde potten.
e) Sluit de potten af en zet ze minimaal 24 uur in de koelkast voordat je ervan gaat genieten.

CONCLUSIE

Nu we onze reis door 'Het complete handboek voor gefermenteerd fruit' afsluiten, hoop ik dat je inspiratie, kennis en een hernieuwde waardering voor de kunst van het fermenteren hebt gevonden. Van pittige mangochutney tot bruisende frambozenkombucha : elk ferment is een bewijs van de transformerende kracht van microben en de creativiteit van de vergister. Terwijl je de wereld van fermentatie blijft verkennen, onthoud dat experimenteren essentieel is. Wees niet bang om nieuw fruit, kruiden of fermentatietechnieken uit te proberen.

Fermentatie is niet alleen een culinaire techniek; het is een manier van leven – een verbinding met ons verleden, een viering van diversiteit en een toewijding aan duurzaamheid. Door fruit te fermenteren eren we de wijsheid van onze voorouders, verminderen we voedselverspilling en voeden we lichaam en geest met levendig, probiotisch rijk voedsel.

Ik moedig je aan om je fermentatiereis met anderen te delen: wissel recepten uit, organiseer proeverijen en verspreid de vreugde van fermentatie in jouw gemeenschap. Laten we samen de traditie blijven behouden, innovatie omarmen en genieten van de heerlijke vruchten van onze arbeid.

Bedankt dat je met mij meegaat op dit fermenterende avontuur. Mogen uw gistingen bruisend zijn, uw smaken gedurfd en uw culinaire creativiteit grenzeloos. Proost op een wereld boordevol gefermenteerde lekkernijen!

www.ingramcontent.com/pod-product-compliance
Lightning Source LLC
Chambersburg PA
CBHW071901110526
44591CB00011B/1500